Wolfgang Herrndorf

Tschick
erweiterte Neuausgabe

Lehrerhandbuch
von Marcus Schotte und Dr. Manja Vorbeck-Heyn

D1676360

Ernst Klett Sprachen
Stuttgart

Bildquellennachweis

Cover Rowohlt Verlag GmbH, Reinbek; **24.1; 24.2; 24.3; 24.4** shutterstock (andromina), New York, NY; **41.1; 41.2; 41.3; 41.4** iStockphoto (enter89), Calgary, Alberta; **42.1; 42.2; 42.3; 42.4; 42.5** iStockphoto (enter89), Calgary, Alberta; **45** shutterstock (Callahan), New York, NY; **51.1; 51.2** Frau Dr. Manja Vorbeck-Heyn, Berlin; **52.1; 52.2** shutterstock (Callahan), New York, NY; **55** shutterstock (Callahan), New York, NY; **56.1; 56.2; 56.4; 56.5; 56.6; 56.7; 56.8; 56.9; 56.10; 56.11** iStockphoto (ZargonDesign), Calgary, Alberta; **56.3** shutterstock (Callahan), New York, NY; **58** shutterstock (Callahan), New York, NY; **61** shutterstock (Callahan), New York, NY

Sollte es einmal nicht gelungen sein, den korrekten Rechteinhaber ausfindig zu machen, so werden berechtigte Ansprüche selbstverständlich im Rahmen der üblichen Regelungen abgegolten. Die Positionsangabe der Bilder erfolgt je Seite von oben nach unten, von links nach rechts.

Über die Autoren

Marcus Schotte studierte deutsche Philologie und Geschichte von 2000 bis 2008 an der Freien Universität Berlin, ist seit 2009 Wissenschaftlicher Mitarbeiter am Institut für Deutsche und Niederländische Philologie (Arbeitsbereich Didaktik der deutschen Sprache und Literatur) und Lehrbeauftragter im Masterstudiengang Editionswissenschaft an der Freien Universität Berlin. Seine Forschungsschwerpunkte sind Literatur- und Sprachdidaktik, Kinder- und Jugendliteratur sowie die Gegenwartsliteratur.

Dr. Manja Vorbeck-Heyn studierte deutsche und französische Philologie von 1997 bis 2003 an der Freien Universität Berlin, promovierte 2007 im Bereich der germanistischen Sprachgeschichte und arbeitete als Wissenschaftliche Mitarbeiterin von 2005 bis 2007 am Institut für Deutsche und Niederländische Philologie (Arbeitsbereich Linguistik). Von 2007 bis 2009 war sie Studienreferendarin im Land Berlin. Seit 2009 ist sie als Studienrätin i. A. an einem Berliner Gymnasium und seit 2012 als Fachseminarleiterin für das Fach Deutsch tätig.

1. Auflage   1 $^{5\;4\;3\;2\;1}$ | 2019 18 17 16 15

Alle Drucke dieser Auflage sind unverändert und können im Unterricht nebeneinander verwendet werden. Die letzte Zahl bezeichnet das Jahr des Druckes. Das Werk und seine Teile sind urheberrechtlich geschützt.
Jede Nutzung in anderen als den gesetzlich zugelassenen Fällen bedarf der vorherigen schriftlichen Einwilligung des Verlags. Hinweis zu § 52 a UrhG: Weder das Werk noch seine Teile dürfen ohne eine solche Einwilligung eingescannt und in ein Netzwerk eingestellt werden. Dies gilt auch für Intranets von Schulen und sonstigen Bildungseinrichtungen. Fotomechanische oder andere Wiedergabeverfahren nur mit Genehmigung des Verlags.

© Ernst Klett Sprachen GmbH, Rotebühlstraße 77, 70178 Stuttgart 2015. Alle Rechte vorbehalten.
Internetadresse: www.klett-sprachen.de

Autoren: Marcus Schotte, Dr. Manja Vorbeck-Heyn

Redaktion: Stefan Hellriegel, Sebastian Weber
Satz und Gestaltung: Sabine Hoffmann-Fratzke
Umschlaggestaltung: Sandra Vrabec
Druck und Bindung: AZ Druck und Datentechnik GmbH, Kempten
Printed in Germany

ISBN 978-3-12-666931-3

Wolfgang Herrndorf

Tschick
erweiterte Neuausgabe

Inhaltsverzeichnis

Vorwort 6

Einführung 7

Modul 1 Vor der Lektüre: Was erwartet uns in *Tschick*? 12
Modul 2 Worum geht es in *Tschick*? 13
    2.1 Lesetagebuch und Strukturskizze 13
    2.2 Quiz und Inhaltsangabe 14
Modul 3 Welchem Genre lässt sich der Roman *Tschick* zuordnen? 17
Modul 4 Erwachsenwerden – Gefühle zeigen und darstellen 18
Modul 5 Figurenkonstellation und Figurencharakterisierung 22
Modul 6 Zum Aufbau des Romans 27
    6.1 Der Erzähler 27
    6.2 Einen Bericht schreiben 27
Modul 7 Dramatisierung eines Kapitels 28
Modul 8 Rollenspiel: Wer hat Schuld? 30
Modul 9 Eine Rezension schreiben 31
Modul 10 *Bilder deiner großen Liebe:* Isa auf der Spur 32
Modul 11 Das Blog *Arbeit und Struktur:* Wie entstand der Jugendroman *Tschick*? 36
Klausurvorschläge 38

Kopiervorlagen

    1 *Tschick* lesen: Das Lesetagebuch 41
    2 Das *Tschick*-Quiz: Fragen und Lösungen 43
    3 Eine Inhaltsangabe schreiben 45
    4 *Tschick* – ein Genremix? 46
    5 Standbilder: Gefühle darstellen 49
    6 Maik: Über eine literarische Figur nachdenken 52
    7 Schreibkonferenz: Texte überarbeiten 53
    8 Der Erzähler in *Tschick* 54
    9 Einen Bericht schreiben 55
    10 *Tschick* auf die Bühne bringen 56
    11 Rollenspiel: Wer hat Schuld? 57
    12 Nach der Lektüre: *Tschick* bewerten 58
    13 Isa beobachten und beschreiben 60
    14 Isa eine Stimme geben 61
    15 Isa erzählt … 63
    16 Mit Wolfgang Herrndorfs Blog arbeiten 64

Vorwort

Zoom – Näher dran! Die Texte dieser Lektüre-Reihe sind aktuell, sie sind schülernah und inhaltlich breit gefächert. Die ausgewählten Bücher beschäftigen sich mit Themen, die Schülerinnen und Schüler betreffen und für die sie sich wirklich interessieren. Dies bietet gute Voraussetzungen für aktive und lebhafte Unterrichtsbeteiligung. Die Texte spiegeln aktuell relevante Diskurse – auf historischem, politischem, gesellschaftlichem, philosophischem oder ästhetischem Gebiet. Die Sprache ist den Jugendlichen nahe und kommt ohne literarische Manierismen aus. So werden auch Schülerinnen und Schüler zum Lesen motiviert, die an der klassischen Deutschlektüre wenig Gefallen finden. Zugleich wird der häufig geäußerte Schülerwunsch aufgegriffen, aktuelle Bücher im Unterricht zu besprechen. Die Lektüren der Reihe *Zoom – Näher dran!* können zur Auflockerung und Motivation zwischen zwei Pflichtmodulen oder am Ende des Schuljahres eingesetzt werden. Man muss nicht viel Zeit investieren, um die Texte zu lesen, denn sie sind – unter Mitwirkung der Autoren – gekürzt und mit wenigen erklärenden Fußnoten versehen. Die Lehrerhandreichungen machen Vorschläge für etwa 10 Unterrichtsstunden, in denen die Lektüre facetten- und abwechslungsreich unterrichtet werden kann. Die Vorschläge sind so angelegt, dass sie sich bei Bedarf intensiver oder kompakter durchführen lassen. Sie vermitteln Anregungen, wie man sich mit einer eher leistungsschwachen oder aber mit einer besonders leistungsstarken Lerngruppe der Lektüre nähert.

Wolfgang Herrndorfs Roman *Tschick* war der Überraschungserfolg des Jahres 2010. Die Protagonisten Maik und Tschick erleben einen tollen Sommer, der ihnen im Rückblick sogar als der beste ihres Lebens erscheint, weil er sie zu wirklichen Freunden werden lässt. Dabei beschäftigt sich der Roman ungezwungen mit den Themen Pubertät und Sexualität, mit der deutschen Geschichte in Vergangenheit und Gegenwart und mit der Integration verschiedener Kulturen in unserer heutigen Gesellschaft.

Neben einer inhaltlichen Erschließung des Romans werden in der Lehrerhandreichung verschiedene Aspekte zur thematischen Vertiefung angeboten, so zum Beispiel die Dramatisierung der Romanvorlage. Die ersten Zugänge und die interpretatorischen Vertiefungen werden durchweg mit handlungs- und produktionsorientierten Verfahren realisiert.

Die vorliegende Überarbeitung der Lehrerhandreichung zu *Tschick* berücksichtigt in den neu hinzugekommenen Modulen 10 und 11 jetzt auch die nachgelassenen Texte des 2013 verstorbenen Autors und setzt sie in Bezug zum Roman. Gegenüber der ersten Auflage der Handreichung wurden die Module 3 und 4 in ihrer Anlage verändert und ergänzt und der gesamte Text aktualisiert und korrigiert.

Einführung

Zum Inhalt

In der ersten Schulstunde nach den Ferien antwortet Maik Klingenberg, der Protagonist und Ich-Erzähler von Wolfgang Herrndorfs Roman *Tschick*, auf die Frage seiner Mitschülerin Tatjana, was im Sommer mit ihm passiert sei, in einem Briefchen zunächst ausweichend: „Ach, nichts Besonderes" (S. 239, im Original kursiv) – eine Untertreibung, die angesichts der immer noch sichtbaren körperlichen Unfallschäden auch deswegen verblüffend ist, weil Maik sich nichts mehr gewünscht hat, als das Interesse Tatjanas zu wecken. Also präzisiert er nach erneuter Aufforderung: „Tschick und ich sind mit dem Auto herumgefahren. Eigentlich wollten wir in die Walachei, aber dann haben wir uns fünf Mal überschlagen, nachdem einer auf uns geschossen hatte. [...] Dann Verfolgungsjagd mit der Polizei, Krankenhaus. Ich bin später noch in einen Laster gekracht mit lauter Schweinen drin, und mir hat's die Wade zerrissen, aber na ja – alles nicht so schlimm." (S. 242, im Original teilweise in „Bärensprache", hier ins Standarddeutsche übersetzt). Das ist der knappe Bericht eines Vierzehnjährigen, der als Langweiler mit seinem gleichaltrigen Kameraden Andrej Tschichatschow („Tschick") zu einer Reise durch die unbekannte ostdeutsche Provinz aufgebrochen ist, um nach einer ganzen Reihe bestandener Abenteuer verwandelt zurückzukehren. Offen bleibt dabei allerdings, was den bis zum Beginn der Reise unauffälligen Schüler Maik dazu veranlasst, gemeinsam mit dem Außenseiter Tschick ein Auto zu stehlen und sich damit planlos auf den Weg zu dessen Großvater in die Walachei zu machen. Unerwähnt bleibt weiter, welche Probleme Maik hinter sich lässt: Da gibt es Tatjana, in die er heimlich verliebt ist und die ihn nicht zu ihrer Geburtstagsparty einlädt, weil sie ihn bisher gar nicht wahrgenommen hat; da gibt es auch noch eine alkoholabhängige Mutter und einen als Immobilieninvestor scheiternden Vater – Eltern, die durch andauernden Streit ihren Sohn aus dem Blick verlieren und ihn am Anfang der Sommerferien ganz sich selbst überlassen, um eine weitere Entziehungskur zu machen bzw. um die Affäre mit der jungen Assistentin auf einer Geschäftsreise fortzusetzen. Ungeklärt bleibt schließlich, was Maik und Tschick tatsächlich auf den Stationen ihrer Fahrt erleben und wem sie dabei begegnen, weil Maik dafür „Hunderte Seiten [hätte] vollschreiben müssen" (S. 239).

Doch genau diese Erlebnisse und Begegnungen sind entscheidend, weil die Hauptfiguren durch sie den Impuls zur Selbstfindung und Aussöhnung mit der Welt erhalten: Eine Familie lädt die Unbekannten an ihren Mittagstisch, als sie Hunger haben; das Mädchen Isa bringt die Gefährten, als ihre Reise vorzeitig an Benzinmangel zu scheitern droht, nicht nur mit ihrem praktischen Geschick, sondern auch durch ihr Interesse an Fragen zum Sinn des Lebens weiter; der ehemalige Soldat Horst Fricke schießt erst auf die Jugendlichen und zeigt ihnen dann, dass es sich unabhängig vom drohenden Scheitern für die eigenen Überzeugungen zu kämpfen lohnt; endlich hilft eine Sprachtherapeutin den Freunden nach ihrem ersten Unfall, indem sie deren medizinische Versorgung veranlasst, weit mehr aber noch durch das Beispiel ihrer Warmherzigkeit und Selbstlosigkeit. Kurzum, die Erfahrung tiefer Humanität ermöglicht Maik die Revision seiner skeptischen Weltsicht: „Seit ich klein war, hatte mein Vater mir beigebracht, dass die Welt schlecht ist. Die Welt ist schlecht, und der Mensch ist auch schlecht. Trau keinem, geh nicht mit Fremden und so weiter. Das hatten mir meine Eltern erzählt, das hatten mir meine Lehrer erzählt, und das Fernsehen erzählte es auch. [...] Und vielleicht stimmte das ja auch, und der Mensch war zu 99 Prozent schlecht. Aber das Seltsame war, dass Tschick und ich auf unserer Reise fast ausschließlich dem einen Prozent begegneten, das nicht schlecht war." *(S. 209)*

In den Episoden aus Schule und Elternhaus im ersten Teil des Romans wirkt Maik wie ein wohlbehüteter Einzelgänger, Tschick erscheint dagegen als individualistischer Außenseiter. Weil der eine sich den Erwartungen seiner Mitmenschen anpasst und der andere sich vor ihnen verstellt, sind beide unfrei. Erst die Reise im zweiten Teil erlaubt ihnen, sich den Herausforderungen des Heranwachsens zu stellen und sich von den bisherigen Fremd- und Selbstzwängen Schritt für Schritt zu befreien. Dabei festigen sie ihre Freundschaft und lernen, auch gegen manchen Widerstand öffentlich Verantwortung füreinander zu übernehmen. Die Reise von Maik und Tschick versinnbildlicht ihre Suche nach einem Platz in der Welt. Dass diese Suche niemals aufhört, zeigt die wie im Zeitraffer binnen weniger Ferientage gewonnene Erkenntnis: „Wir waren unterwegs, und wir würden immer unterwegs sein" *(S. 216)*.

Zum Stil

Kaum eine Rezension des Romans *Tschick* verzichtet auf Lob für die von Herrndorf genau gestaltete Kunstsprache, die den Slang Jugendlicher ohne jede Anbiederung geschickt imitiert und dadurch authentisch wirkt. Unter den oft genannten Aspekten sind die folgenden besonders hervorzuheben: Einen leichten Zugang zum Text garantiert die Sprache Maiks, weil sie die eines jugendlichen Erzählers ist, der schmucklos von seinen Erlebnissen mit Tschick berichtet. Selbst in längeren narrativen Passagen behält er einen mündlichen, lakonischen Stil mit einfachem Satzbau bei, der sich direkt an den Rezipienten als sein Gegenüber zu wenden scheint. Auch durch die zahlreichen Dialoge fühlt man sich unmittelbar am Geschehen beteiligt, so dass man mitunter ausblendet, dass auch sie von Maik wiedergegeben werden.

Eigenheiten der Jugendsprache werden aufgegriffen, wenn etwa Steigerungen als „übertrieben geil" *(S. 18)*, „endgeil" *(S. 31)* oder „superporno" *(S. 213)* ausgedrückt werden. Jugendsprachlich ist außerdem die Verwendung eines spezifischen Wortschatzes: sich „zum Obst machen" *(S. 10, für „blamieren")*, „stulle" sein *(S. 222, für „sehr dumm")*.

Komisch wirkt die Ausstellung begrenzten sprachlichen Wissens. So versteht Maik nicht, dass Tschick mit der Walachei die Gegend in Rumänien meint, weil er nur das Sprichwort „in die Walachei fahren" kennt: „Walachei ist nur ein Wort! So wie Dingenskirchen. Oder Jottwehdeh." *(S. 97;* „Jottwehdeh" ist berlinisch für „ganz weit draußen".) Witzig ist aber auch, wenn es zu Kollisionen mit der Erwachsenenwelt kommt. So schlägt der Richter Maik als Grund für seine Reise mit Tschick den Wunsch, „Fun" haben zu wollen, vor: „Fun. Na ja, schön, Fun, das schien mir selbst auch das Wahrscheinlichste, obwohl ich das so nicht formuliert hätte." *(S. 233)*

Als unverstellt und dadurch weniger vulgär denn ehrlich kann die explizite Sprache gewertet werden, die Maik, Tschick und Isa verwenden. Beispiele dafür sind: „Schwuler" *(S. 82)*/„schwul" *(S. 85)*, „Fotze"/„Pussy" *(S. 151)*, „Ficken" *(S. 151)*. Bezogen auf Tschicks Migrationshintergrund: „Iwan" *(S. 48)*, „Russenschwuchtel" *(S. 151)*, „Scheißkanake" *(S. 152)* und „assiger Russenfreund" *(S. 228)*.

Über den Autor

Wolfgang Herrndorf wurde am 12. Juni 1965 in Hamburg geboren. Nach dem Studium der Malerei an der Akademie der Bildenden Künste in Nürnberg arbeitete er zunächst unter anderem als Illustrator für das Satiremagazin *Titanic* und den Haffmanns Verlag, ehe er mit dem Schreiben begann. Auf seine wenig beachteten ersten größeren Prosaarbeiten, den Berlin-Roman *In Plüschgewittern* (2002, überarbeitet 2008), den Erzählungsband *Diesseits des Van-Allen-Gürtels* und das fiktive Interview *Die Rosenbaum-Doktrin* (beide 2007), folgte der Jugendroman *Tschick* (2010), der sich vom Überraschungserfolg zum internationalen Longseller entwickelt hat: Die deutschsprachige Gesamtauflage der bisher erschienenen verschiedenen Ausgaben liegt bei fast 2 Millionen verkauften Exemplaren,[1] Lizenzen für Übersetzungen wurden mittlerweile in 29 Länder vergeben. Für den Roman *Tschick*, der als Vertreter der Adoleszenzliteratur Struktur- und Handlungselemente des Abenteuer- und Bildungsromans erkennen lässt, an der Road-Novel orientiert ist und eine *coming-of-age*-Geschichte erzählt, erhielt Herrndorf im Jahr 2011 den Deutschen Jugendliteraturpreis. Im Argon Verlag erschien *Tschick* als Hörspiel (NDR 2011) und als Hörbuch (autorisierte Lesefassung, gelesen von Hanno Koffler, 2012). Im Rowohlt Theater Verlag liegt die Bühnenfassung in der Bearbeitung von Robert Koall vor, die die Grundlage zahlreicher Inszenierungen ist. Presseberichten zufolge konnte für die geplante filmische Adaption des Romans der Regisseur David Wnendt gewonnen werden, die Dreharbeiten sollen im Sommer 2015 beginnen. Als letzter abgeschlossener Text und „nihilistischer Gegenentwurf" (Herrndorf) zum Vorgänger *Tschick* erschien der surrealistische Thriller *Sand* (2011), für den der Autor 2012 mit dem Preis der Leipziger Buchmesse in der Kategorie Belletristik ausgezeichnet wurde. Über seine schwere Krebserkrankung und die damit verbundenen Folgen berichtete Herrndorf in seinem digitalen Tagebuch *Arbeit und Struktur*, das online unter http://wolfgang-herrndorf.de/ einsehbar ist und Einblicke in den Arbeitsprozess des Schriftstellers gestattet. Dort findet sich zum Beispiel das „Outtake: Tschick", ein in die publizierte Romanfassung nicht aufgenommenes Kapitel. Früh kündigte Herrndorf in seinem Blog auch die Notwendigkeit einer „Exitstrategie" (30.4.2010) an, die ihm ein selbstbestimmtes Lebensende ermöglichen sollte: „Ich habe mich damit abgefunden, dass ich mich erschieße. Ich könnte mich nicht damit abfinden, vom Tumor zerlegt zu werden [...]." (25.8.2010) Drei Jahre später, als die medizinische Behandlung endgültig abgebrochen wurde und der völlige Sprachverlust drohte, setzte Herrndorf seinen Plan in die Tat um: „Am Montag, den 26. August [2013] gegen 23:15 schoss er sich am Ufer des Hohenzollernkanals mit einem Revolver in den Kopf. [...] Es dürfte einer der letzten Tage gewesen sein, an denen er noch zu der Tat imstande war."[2] – Posthum wurde *Arbeit und Struktur* (2013) als Buch veröffentlicht, mit *Bilder deiner großen Liebe – Ein unvollendeter Roman* (2014) erschien schließlich die Geschichte Isas, einer Nebenfigur aus *Tschick*, woran Herrndorf bis zuletzt gearbeitet hatte.

---

[1] Insgesamt existieren 4 Textausgaben von *Tschick*: Neben der Hardcover-Ausgabe bei Rowohlt Berlin (ISBN 978-3-87134-710-8) sind auch zwei seitenidentische Taschenbuch-Ausgaben (rororo, ISBN 978-3-499-25635-6 und mit anderem Umschlagbild rororo rotfuchs, ISBN 978-3-499-21651-0) sowie eine Taschenbuch-Ausgabe mit abweichender Seitenzahl (rororo, ISBN 978-3-499-25991-3) erhältlich.

[2] Marcus Gärtner, Kathrin Passig: *Nachwort*. In: Wolfgang Herrndorf: *Arbeit und Struktur*. Berlin 2013, S. 443–445, hier: S. 445.

Didaktisch-methodische Überlegungen

Mit dem Roman *Tschick* gelingt es, einen Text der zeitgenössischen Literatur im Deutschunterricht zu behandeln, dessen Qualität sowohl von Erwachsenen wie auch von Jugendlichen gleichermaßen mit Gewinn und Freude erschlossen werden kann. (Jugendliche) Leser und Kritiker schätzen den Text, wofür auch die Auszeichnung mit dem Deutschen Jugendliteraturpreis und der Verkaufserfolg sprechen. Seine mit hohem Tempo und Sprachwitz erzählte spannungsreiche Abenteuerhandlung lässt erwarten, dass der Roman als Repräsentant der Gegenwartsliteratur in den Schulkanon aufgenommen wird.

Die Unterrichtsvorschläge

Die Unterrichtsvorschläge sind so konzipiert, dass sie

- die Interpretationskompetenz der Schülerinnen und Schüler fördern,
- den Prozess vom intuitiven Textverstehen zum immer bewussteren Erschließen von Zusammenhängen innerhalb eines Textes fördern,
- die analytische und kreative Schreibkompetenz der Schülerinnen und Schüler fördern,
- Arbeitstechniken (Textarbeit, Zitieren, Visualisieren und Präsentieren) schulen und
- die Anwendung von handlungs- und produktionsorientierten Verfahren (Standbilder, szenische Interpretation, Rollenspiel) ermöglichen.

Die Vorschläge dieser Lehrerhandreichung sind für die Klassenstufen 9 und 10 entwickelt, weil

- die Themen des Romans die Lebenswelt der Schülerinnen und Schüler in diesem Alter aufgreifen,
- die Protagonisten Fragen stellen und Konflikte durchleben, die für die Lebensphase der Adoleszenz typisch sind und Schülerinnen und Schülern die Möglichkeit zur Identifikation geben,
- mit der Romanlektüre die Kompetenzen geschult und vertieft werden können, die in den Klassenstufen 9 und 10 in den Lehrplänen vorgesehen sind,
- in diesen Jahrgangsstufen – im Gegensatz zur Kursstufe – zeitlich die Möglichkeit besteht, einen Roman zu lesen, der nicht zum schulischen Kernkanon etablierter Texte gehört.

Zur Benutzung der Lehrerhandreichung

Die Unterrichtsvorschläge zu den einzelnen Modulen sind so aufgebaut, dass neben einer Sachanalyse und den didaktischen Überlegungen ausführliche Hinweise zur Durchführung gegeben werden. Die möglichen Arbeitsaufträge für die einzelnen Unterrichtsphasen sind ausformuliert, sofern sie nicht auf den Kopiervorlagen zu finden sind.

Der Unterrichtsvorschlag zur Lektürevorbereitung fördert über einen rezeptionsorientierten Zugang die private Lektüre und die Lesemotivation von Nicht-Lesern. Die Module der Lektürephase sehen handlungs- und produktionsorientierte Zugänge wie auch analytische Erschließungsphasen vor und fördern gezielt die Methodenkompetenz der Schülerinnen und Schüler (zum Beispiel zur Durchführung von Schreibkonferenzen, zum Bau von Standbildern, zum szenischen Interpretieren oder zur Durchführung eines Rollenspiels). Nach einer spielerischen inhaltlichen Erschließung und einer Sicherung durch eine Inhaltsangabe (Modul 2) werden in der Lektürephase das Genre (Modul 3), die Figurenkonstellation (Modul 5) mit einer exemplarischen Charakterisierung und der Aufbau des Romans (Modul 6) über textanalytische Verfahren erarbeitet. Mit handlungs- und produktionsorientierten Verfahren werden die Themen Jugend, Sexualität und Identität (Modul 4), Konflikte zwischen Eltern und Heranwachsenden (Modul 7) und die Migrationsproblematik (Modul 8) erschlossen. Zur Nachbereitung des Romans ist die Lektüre und Auswertung von Rezensionen vorgesehen (Modul 9). Eine vertiefende Charakterisierung der Figuren Maik und Tschick wird über Herrndorfs nachgelassenen und fragmentarischen Roman *Bilder deiner großen Liebe* vorgenommen (Modul 10). Das Blog *Arbeit und Struktur* bahnt eine Kontextualisierung des Primärtextes an. Zwei Klausurvorschläge schließen die Lehrerhandreichung ab.

Die Lehrerhandreichung ist so angelegt, dass die Schülerinnen und Schüler den Roman zu Beginn der Lektürephase vollständig gelesen haben sollen. Die Erfahrung hat gezeigt, dass sich die Durchführung des Moduls zur Lektürevorbereitung motivierend auf den eigenen Rezeptionsprozess der Schülerinnen und Schüler auswirkt.

Wo sich bei der Besprechung des Buches Möglichkeiten einer fächerverbindenden Arbeit ergeben, wird dies durch das „Deutsch-plus"-Symbol gekennzeichnet.

Modul 1 | Vor der Lektüre: Was erwartet uns in *Tschick*?

Sachanalyse/didaktische Hinweise

Diese Unterrichtsstunde eignet sich für die Lektürevorbereitung, da die Schülerinnen und Schüler in ihr eigene Vorstellungsbilder und Hypothesen zum Roman entwickeln, die sich auf die anschließende Romanlektüre motivierend auswirken und den Leseprozess strukturierend begleiten. Mögliche Hypothesen zum Romantitel *Tschick* können sein: Es handelt sich um ein Adjektiv in der Bedeutung „modisch", „elegant", „geschmackvoll", „fein", „großartig", „sehr erfreulich". Mögliche Hypothesen zur Abbildung des Umschlags können sein: Im Buch geht es um eine Auto- oder Zugfahrt (Asphalt, Leitplanken, sich verwischende, unscharf werdende Landschaft). Nach der Lektüre des Umschlagtextes ist es den Schülerinnen und Schülern möglich, „Tschick" als Spitznamen der Figur Andrej Tschichatschow zuzuordnen. Die Hypothesen zum Inhalt werden von den Schülerinnen und Schülern um ihre Leseinteressen ergänzt: Zwei Jungen, Maik Klingenberg und Andrej Tschichatschow, reisen in einem gestohlenen Lada durch Deutschland. Die Schülerinnen und Schüler interessieren sich dafür, wer die Protagonisten sind, wie sie zusammenkommen und das Auto stehlen können, warum sie auf Reisen gehen, wohin sie ihre Reise führt und was sie dabei erleben.

Nach dieser Unterrichtsstunde sollten die Schülerinnen und Schüler 2 Wochen Zeit für die Lektüre erhalten. Den Leseprozess dokumentieren sie in dieser Zeit mit einem Lesetagebuch und erstellen am Ende der Lektüre in Einzelarbeit eine Strukturskizze, aus der sich der Bau der Erzählung ergibt (siehe Modul 2).

Hinweise zur Durchführung

> **Material**
> Moderationskarten
> Magnete (optional)

Für die Lektürevorbereitung ist 1 Unterrichtsstunde vorgesehen.

Der Einstieg in den Roman erfolgt mit Hilfe des Umschlags der Taschenbuchausgabe. Die Schülerinnen und Schüler äußern in einem Unterrichtsgespräch zunächst ihre Assoziationen zum Titel und zur vorderen Umschlagabbildung. In der sich anschließenden Gruppenarbeit formulieren sie nach der Lektüre des Umschlagtextes zum einen Hypothesen zum Romaninhalt, zum anderen ihre Interessen an der Lektüre. Um die Präsentation der Ergebnisse zu unterstützen, können die Schülerinnen und Schüler ihre Ideen in Stichworten auf Moderationskarten festhalten. Im Plenum werden die Ergebnisse der Gruppenarbeit diskutiert, hierbei sollte zunächst eine Gruppe ihre Ergebnisse vorstellen. Bei Bedarf ergänzen die anderen Gruppen abweichende Vorschläge, um Doppelungen in den Antworten zu vermeiden.

Zu den Arbeitsaufträgen

Ein möglicher Impuls für den Einstieg kann sein: „Formuliert eure Assoziationen zum Romantitel und zur Umschlagabbildung." Der Impuls für die Gruppenarbeit kann lauten: „Lest den Umschlagtext. Bildet Hypothesen zum Romaninhalt und formuliert eure Leseinteressen in Form von Fragen." In die Auswertung leitet folgender Impuls über: „Stellt zunächst eure Hypothesen zum Romaninhalt vor und im Anschluss daran eure Lektüreinteressen." Die zuhörenden Schülerinnen und Schüler vergleichen die Gruppenarbeitsergebnisse mit ihren eigenen, ergänzen und stellen gegebenenfalls Nachfragen.

Modul 2 | Worum geht es in *Tschick*?

Modul 2.1 | Lesetagebuch und Strukturskizze

Sachanalyse/didaktische Hinweise

Der Leseprozess der Schülerinnen und Schüler wird durch ein Lesetagebuch begleitet, um die inhaltliche Erschließung des Romans zu gewährleisten. Dies ist besonders wichtig, um einen Überblick über die vielen genannten und handelnden Figuren zu gewinnen und um die unklaren Ortsangaben zu präzisieren. Das Lesetagebuch sollte eine Übersicht über die einzelnen Kapitel und die Struktur des gesamten Romans beinhalten.

Die Kopiervorlage 1 beinhaltet die geforderten Angaben für ausgewählte Kapitel. Sie kann den Schülerinnen und Schülern als Muster zur Unterstützung der eigenen Arbeit zur Verfügung gestellt werden. Die Kapitelauswahl orientiert sich an Wendepunkten der Romanhandlung, ohne dabei zu viel vom Inhalt preiszugeben. Bei Kapitel 1 und 2 handelt es sich um den Beginn des Romans, mit Kapitel 5 beginnt die Rückblende, in Kapitel 9 tritt Tschick erstmals auf, Kapitel 13 ist der Tag der Zeugnisausgabe und dem Leser wird klar, dass Maik unglücklich in seine Mitschülerin Tatjana verliebt ist, in Kapitel 19 treffen Maik und Tschick Vorbereitungen für die Reise, die sie in Kapitel 20 antreten, im Kapitel 29 treffen Maik und Tschick auf Isa und stehen vor verschiedenen Herausforderungen, und im Kapitel 37 fliehen Maik und Tschick vor der Polizei und haben einen Unfall.

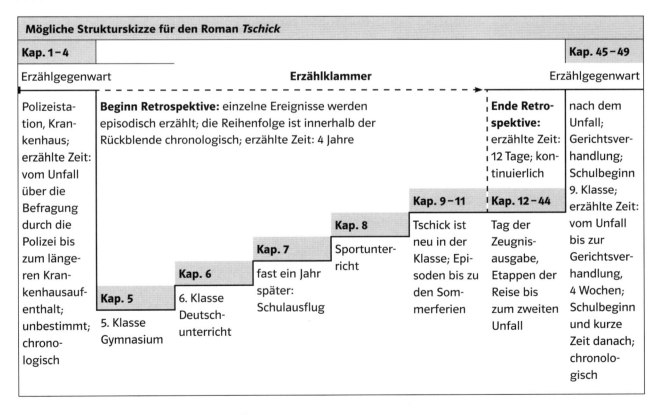

Das Lesetagebuch wie auch die Strukturskizze sichern die inhaltliche und formale Erschließung des Romans und helfen während der gesamten Unterrichtsreihe bei der Orientierung, insbesondere aber beim Unterrichtsvorschlag für das Quiz (Modul 2.2). Die Durchführung des Moduls zum Inhalt überprüft, vertieft und korrigiert gegebenenfalls das Textverständnis der individuellen Lektüre. Die Angaben zu den verschiedenen Figuren im Lesetagebuch sind eine notwendige Grundlage für die Durchführung des Moduls zur Figurenkonstellation (Modul 5). Die Strukturskizze bildet die Grundlage für das Modul zum Bau des Romans (Modul 6).

Hinweise zur Durchführung

Im Anschluss an die Stunde zur Lektürevorbereitung (Modul 1) erhalten die Schülerinnen und Schüler den Auftrag, den Roman in Einzelarbeit zu lesen, ein Lesetagebuch zu führen und im Anschluss daran eine Strukturskizze zu erstellen. Sie sollen den Roman vor Beginn der Lektürephase vollständig gelesen haben. Dafür ist nach der Stunde zur Lektürevorbereitung eine Lesepause von ca. 2 Wochen einzuplanen. Das auf **Kopiervorlage 1** mit beispielhaften Einträgen vorgestellte Lesetagebuch soll die folgenden Angaben enthalten:

- die Kapitelnummer mit der entsprechenden Seitenangabe,
- eine kurze inhaltliche Zusammenfassung,
- die Namen der auftretenden Figuren,
- den Handlungsort.

Modul 2.2 | Quiz und Inhaltsangabe

Sachanalyse/didaktische Hinweise

Nachdem die Schülerinnen und Schüler den Roman gelesen, ein Lesetagebuch geführt und eine Strukturskizze zum Roman erstellt haben, soll nun das Leseverstehen spielerisch mithilfe von Quiz-Fragen überprüft werden. Dieser handlungsorientierte Ansatz motiviert die Schülerinnen und Schüler zum Auftakt der analytischen Arbeit mit dem Text. Die die Fragen für das Quiz variieren im Schwierigkeitsgrad, decken den gesamten Roman ab und dienen erneut der Inhaltssicherung. Dieser handlungsorientierte Ansatz passt zum Roman, die Fragen für das Quiz variieren im Schwierigkeitsgrad, decken den gesamten Roman ab und dienen erneut der Inhaltssicherung. Die Schülerinnen und Schüler sollen das Quiz eigenständig durchführen, was sie zudem in ihrer Methodenkompetenz schult.

Im Anschluss an das Quiz fertigen die Schülerinnen und Schüler eine Inhaltsangabe zum Roman an. Auf diese Schreibaufgabe können die Schülerinnen und Schüler in Modul 9 *(Eine Rezension schreiben)* wieder zurückgreifen. Kopiervorlage 3 definiert, was unter einer Inhaltsangabe verstanden wird, formuliert Leitfragen, umreißt die Schritte zum Aufschreiben und gibt Hinweise zum Schreiben.

Mögliche Inhaltsangabe (Musterlösung)

In Wolfgang Herrndorfs Jugendroman *Tschick* brechen der Ich-Erzähler Maik Klingenberg und sein Mitschüler Andrej Tschichatschow zu einer gemeinsamen Reise auf, die sie entgegen ihrem Vorhaben nicht in die Walachei führt, sondern über verschiedene Ab- und Umwege zu sich selbst: Die Irrfahrt durch Ostdeutschland spiegelt den keineswegs geradlinigen Entwicklungsprozess der Protagonisten, die während eines Sommers lernen, verantwortlich für sich und einander einzustehen, nachdem sie die eigenen Schwächen und Vorlieben akzeptiert und den dauerhaften Wert ihrer Freundschaft erkannt haben.

Auf den ersten Blick könnten Maik und Andrej, genannt Tschick, kaum unterschiedlicher sein. Scheinbar unbeschwert wächst der eine im bürgerlichen Teil von Berlin-Marzahn auf, doch das kleinfamiliäre Idyll wird einerseits durch die Alkoholabhängigkeit seiner Mutter und eine Affäre seines Vaters empfindlich gestört, andererseits durch den drohenden Verlust des gehobenen mittelständischen Wohlstands – der Vater scheitert als Immobilieninvestor – gefährdet. Der andere muss fast ohne familiäres Netz auskommen, seit er mit seinem Bruder als Spätaussiedler aus Russland nach Deutschland gezogen ist, wo er in den bescheidenen Verhältnissen eines Hellersdorfer Plattenbaus lebt, was die meisten als asozial empfinden.

Außenseiter sind beide, darin liegt ihre Gemeinsamkeit. Tschick kommt mitten im Schuljahr neu in Maiks Klasse und bleibt wegen seiner Kleidung und seiner Herkunft ohne Chance auf Integration. Dass er gelegentlich betrunken am Unterricht teilnimmt und Spekulationen über seine Verbindungen zur Russenmafia im Umlauf sind, erschwert Tschicks Aufnahme in die Klassengemeinschaft trotz seiner Klugheit. Maik bleibt nach seinem Wechsel auf das Gymnasium ohne enge Freunde, seinen Mitschülern gilt er als Langweiler und zeitweise als „Psycho" *(S. 21)*, weil er das Suchtproblem seiner Mutter ausführlich in einem Deutschaufsatz thematisiert hat.

Beide Hauptfiguren leben auch mit Geheimnissen. Während Tschick seine Homosexualität verbirgt, ist Maik heimlich in Tatjana, ein Mädchen aus seiner Klasse, verliebt. Als diese zu Beginn der Sommerferien ihren Geburtstag feiert, befinden sich unter den wenigen nicht Eingeladenen Maik und Tschick. Dennoch fahren sie auf Tschicks Veranlassung zur Party, damit Maik Tatjana sein Geschenk überreichen kann, ein von ihm selbst über Wochen aufwendig gezeichnetes Porträt ihrer Lieblingssängerin – eine wortlose Liebeserklärung.

Diese erste Selbstüberwindung ist die Initialzündung für ihren Aufbruch zu einem größeren Ziel: Planlos fahren sie los, ausgerüstet allein mit einem gestohlenen Lada und dem Geld, das Maiks Vater ihm für zwei Wochen hinterlässt, als seine Frau in eine Entzugsklinik und er selbst mit seiner jungen Geliebten zu einer Geschäftsreise aufbricht. Durch die gemeinsamen Erlebnisse während ihrer zehntägigen Reise werden Maik und Tschick nicht nur zu besten Freunden, die Erfahrung uneigennütziger Hilfsbereitschaft erweitert ihre bisher begrenzte Weltsicht: Als die Jungen am Anfang ihrer Reise vor dem Problem stehen, außer Süßigkeiten nichts zu essen zu haben, werden sie spontan an den Mittagstisch einer Familie geladen und großzügig bewirtet. Als ihnen das Benzin zur Weiterfahrt ausgeht, verhilft ihnen Isa, ein Mädchen von der Müllkippe, zu neuem. Und als sie auf der Flucht vor der Polizei ihren ersten Unfall haben, sorgt eine zufällig auftauchende Sprachtherapeutin für ihre medizinische Versorgung.

Vorbei ist die Fahrt nach einem zweiten, schweren Autounfall. Maik muss im Krankenhaus stationär behandelt werden, Tschick kommt in ein Heim. Erst in der Gerichtsverhandlung sehen sie einander wieder und festigen ihre Freundschaft, indem sie gemeinsam die Verantwortung für ihre Taten tragen. Zu Beginn des neuen Schuljahrs eröffnen sich Maik ungeahnte Perspektiven: Er geht nicht länger unter, sondern erweckt das Interesse seiner Mitschüler, darunter vor allem das Tatjanas; Isa hält ihr Versprechen und nimmt Kontakt mit ihm auf; seine Eltern trennen sich, so dass Maik nicht länger unter ihren selbstzerstörerischen Auseinandersetzungen leiden muss. Die Überwindung von Außenseitertum und Einsamkeit durch Freundschaft und eine erste Liebe stärkt Maik, der nun optimistischer als zuvor in die Zukunft blicken kann.

Hinweise zur Durchführung

Für das Quiz ist 1 Unterrichtsstunde vorgesehen. Die Inhaltsangabe wird als Hausaufgabe angefertigt und kann von der Lehrperson bewertet werden.

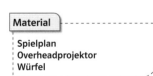

Material
Spielplan
Overheadprojektor
Würfel

Die Lerngruppe wird für das Quiz in 2 Gruppen eingeteilt. Jede Gruppe sollte in etwa die gleiche Anzahl von Schülerinnen und Schülern in Untergruppen verteilen (1. Gruppe: 4 – 5 Schülerinnen und Schüler sind die Expertinnen und Experten für die Kategorien Figuren und Orte; 2. Gruppe: 4 – 5 weitere für Fragen zum Inhalt und die anderen 4 – 5 die für Fragen zur Form und Struktur wie auch zur Sprache). Vor der Durchführung des Quiz haben die Schülerinnen und Schüler 10 Minuten Zeit, sich in Gruppen auf ihre Kategorien vorzubereiten, dann beginnt das Quiz, das diese Unterrichtsstunde ausfüllt. Während der Vorbereitung auf das Quiz und während des Spiels können die Schülerinnen und Schüler sowohl den Roman als auch ihre Lesetagebücher verwenden. Der auf S. 15 abgebildete Spielplan wird auf den Overheadprojektor gelegt, ein Spielleiter oder eine Spielleiterin steht am Projektor, liest die Fragen auf **Kopiervorlage 2** vor und kontrolliert die Antworten. Gespielt wird wie folgt: Im Wechsel erwürfeln die Schülerinnen und Schüler die Kategorien, zu denen eine Frage zu beantworten ist. Die Augenzahl des Würfels entspricht je einer zu bearbeitenden Kategorie. Wenn eine 6 gewürfelt wird, kann die Kategorie frei gewählt werden. Nun sucht sich der Spieler oder die Spielerin eine Zahl in dieser Kategorie aus und die entsprechende Frage wird vorgelesen. Die Expertinnen und Experten der jeweiligen Kategorie dürfen jedoch nicht die Frage beantworten, sondern nur die anderen Schülerinnen und Schüler der Gruppe. Bei korrekter Beantwortung werden Pluspunkte vergeben, bei Fehlern wird die Frage den Expertinnen und Experten der gegnerischen Gruppe zur Beantwortung gestellt, die bei korrekter Beantwortung einen Pluspunkt bekommen, bei fehlerhafter Beantwortung aber einen Minuspunkt. Sollten die Expertinnen und Experten die Frage nicht oder fehlerhaft beantworten, können die Schülerinnen und Schüler der anderen Gruppe noch einen Pluspunkt für ihre Mannschaft holen. Ist die Frage beantwortet, wird das entsprechende Feld auf dem Spielplan markiert und kann nicht mehr gespielt werden.

Nach der Durchführung des Quiz wird die auf **Kopiervorlage 3** geforderte Inhaltsangabe als Hausaufgabe aufgegeben. Die Inhaltsangabe sichert in schriftlicher Form das Stundenergebnis, sie fördert und vertieft die Schreibkompetenz der Schülerinnen und Schüler nach der spielerischen Aufarbeitung.

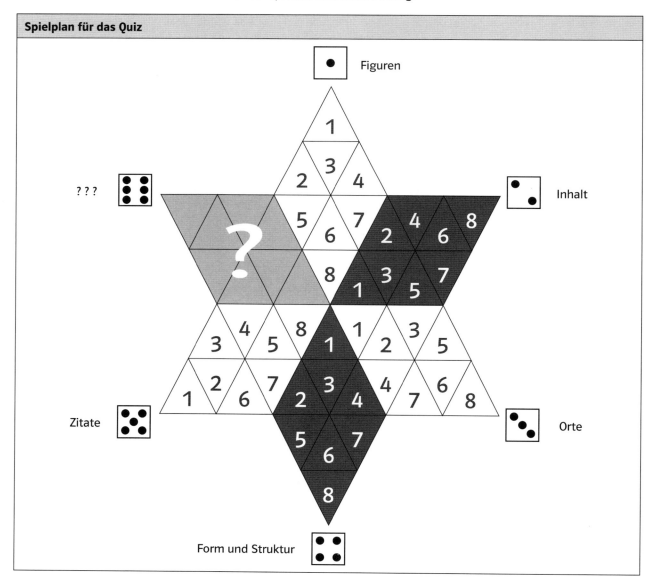

Spielplan für das Quiz

Modul 3 | Welchem Genre lässt sich der Roman *Tschick* zuordnen?

Sachanalyse/didaktische Hinweise

Der Unterrichtsvorschlag zur Genrebeschreibung ist ein Modul zur Textanalyse. Hier sollen die Schülerinnen und Schüler die Begriffe *Abenteuerroman*, *Road-Novel* und *Adoleszenzroman* anhand von literaturwissenschaftlichen Definitionen kennenlernen und auf den Roman beziehen, indem sie Textauszüge zusammenstellen, die die Begriffsarbeit argumentativ stützen. Wichtig ist, dass die Lehrperson darauf achtet, den Unterschied zwischen Gattung (längerer Prosatext, Roman) und Genre (Adoleszenzroman mit Elementen anderer Genres) zu klären. Die Schülerinnen und Schüler sollen erkennen, dass die Protagonisten Jugendliche sind, die Konflikte der Adoleszenz durchleben und dadurch Entwicklungsschritte hin zur individuellen Reifung vollziehen.

Hinweise zur Durchführung

Insgesamt ist für diesen Unterrichtsvorschlag 1 Unterrichtsstunde einzuplanen.

Im Einstieg stellt die Lehrperson das Stundenthema vor und erläutert die Vorgehensweise in der Unterrichtsstunde. In der Erarbeitungsphase fassen die Schülerinnen und Schüler mithilfe der **Kopiervorlagen 4.1** und **4.2** die wichtigsten Merkmale zu den Begriffen *Abenteuerroman*, *Road-Novel* und *Adoleszenzroman* zusammen (Aufträge 1 und 2), suchen typische Merkmale für die drei Genres heraus und übertragen diese in die vorgegebene Tabelle auf der **Kopiervorlage 4.3** (Auftrag 2). Bei Zeitmangel können die Aufträge 1 und 2 als Hausaufgabe vorbereitet werden, im Einstieg erfolgt dann zusätzlich die Hausaufgabenkontrolle. In der Vertiefungsphase belegen die Schülerinnen und Schüler anhand ausgewählter Textstellen, welche der erkannten Genre-Merkmale auf den Roman besonders zutreffen (Auftrag 3). Anschließend werden die Ergebnisse im Plenum zunächst durch eine Gruppe für das Genre Abenteuerroman vorgestellt, die anderen Gruppen ergänzen, korrigieren und diskutieren die Vorschläge (Auftrag 4). Eine zweite Gruppe stellt dann ihre Ergebnisse für das Genre Road-Novel vor, für die anderen Gruppen gilt dieselbe Vorgehensweise wie auch für die Vorstellung der Ergebnisse zum Genre Adoleszenzroman. Im Transfer diskutieren die Schülerinnen und Schüler im gelenkten Unterrichtsgespräch, welchem Genre der Roman abschließend zugeordnet werden kann. Dazu stützen sie ihre Argumentation auf die zuvor erarbeiteten Kriterien und Ergebnisse (Auftrag 5).

Zu den Arbeitsaufträgen

Zu den **Aufträgen 2** und **3:** Aufgezählt wird nachfolgend eine Auswahl geeigneter Textauszüge, die als Musterlösung zu verstehen ist.

Merkmale des Genres	Passende Textstellen aus *Tschick*
Abenteuerroman: Protagonist: häufig männlicher Held, der auf der Reise und durch Abenteuer mit verschiedenen Herausforderungen konfrontiert wird; Ziel: Spannungserzeugung.	Flucht vor dem Dorfpolizisten (Kapitel 26), Schießerei und Herr Fricke (Kapitel 36), Flucht vor Polizei und erster Unfall (Kapitel 37), Versuch abzuhauen und zweiter Unfall (Kapitel 41–43).

Road-Novel: Protagonisten: Schwierigkeiten mit den Herausforderungen des Alltags, Alltagsflucht und Identitätssuche; zentrale Motive: Reise, Abenteuer, Bildung; wichtige Elemente: Straße, motorisierte Fortbewegungsmittel; Form: meist lineare Erzählung entlang den Stationen der Reise, Genremixtur ist typisch.	Unterwegs in Brandenburg (Kapitel 12–44), Reise als Alltagsflucht (Kapitel 19–20) und als Identitätssuche (Kapitel 34, 36, 41).
Adoleszenzroman: Protagonisten: jugendliche Helden; Alter: Jugend; Merkmale der Protagonisten: dargestellt als Individuen; Form: Darstellungsmerkmale des (post-)modernen Romans, häufig mit offenem Ende; Konflikte: Ablösung von den Eltern, Ausbildung eigener Wertvorstellungen, Liebe und erste sexuelle Kontakte, Übernahme oder Ablehnung der eigenen sozialen Rolle.	Maik im Liebeskummer (Kapitel 13), Fahrt nach Werder (Kapitel 17), Isa (Kapitel 30–34), Sinnsuche (Kapitel 34, 36), Auseinandersetzung mit den Eltern (Kapitel 45), Gerichtsverhandlung (Kapitel 46) und offenes Ende (Kapitel 49).

Zum **Auftrag 5:** Beim Vergleich ihrer Ergebnisse erkennen die Schülerinnen und Schüler, dass der Roman *Tschick* alle auf dem Arbeitsblatt genannten Aspekte des Adoleszenzromans aufweist und dass sich manche Kapitel aufgrund der thematischen Schwerpunkte und der Motivik in besonderer Nähe zum Abenteuerroman und zur Road-Novel befinden. Im Gegensatz zu klassischen Abenteuerromanen verzichtet *Tschick* als moderner Abenteuerroman auf die Konfrontation seiner Figuren mit göttlichen Kräften oder Unholden. Es gibt zwei (Anti-)Helden, die Protagonisten Maik und Tschick. Weitere Elemente sind: Spannung (Schießerei, Flucht vor der Polizei und Unfälle), unvorhersehbare Ereignisse/Abenteuer (Herausforderungen, die sich auf der Reise ergeben), ein geografisch ferner Raum (der Wohnort Berlin wird in Richtung der unbekannten ostdeutschen Provinz verlassen), Widrigkeiten (Autofahren ohne Führerschein, Benzinmangel) und verbildlichte Probleme (Reise als Ausdruck der inneren Suche).

Eine Zuordnung von *Tschick* zum Genre Road-Novel kann mit der besonderen Bedeutung der Reise begründet werden: Strukturell bildet ihre umfangreiche Schilderung das Zentrum des Textes, inhaltlich steht die an das Unterwegssein gebundene Möglichkeit zu eigenen Erfahrungen außerhalb des vorgegebenen gesellschaftlichen Rahmens im Vordergrund. Zusammenfassend können die Schülerinnen und Schüler feststellen, dass in *Tschick* eine Überschneidung aller drei Genres vorliegt, durch die eine eindeutige Zuordnung erschwert wird.[3]

Modul 4 | Erwachsenwerden – Gefühle zeigen und darstellen

Sachanalyse/didaktische Hinweise

plus **D**
Biologie – Pubertät, Sexualität

Damit die Schülerinnen und Schüler die Irritationen, mit denen Maik während seiner jugendlichen Selbstfindung konfrontiert ist, nachvollziehen und sich darüber hinaus mit unterschiedlichen Genderidentitäten auseinandersetzen können, bedienen sie sich mit dem Standbildbau eines handlungs- und produktionsorientierten Verfahrens.[4] Durch

---

3 Vgl. Marja Rauch: *Jugendliteratur der Gegenwart. Grundlagen, Methoden, Unterrichtsvorschläge*, Seelze-Velber 2012, S. 204–207.
4 Vgl. Ingo Scheller: *Szenische Interpretation. Theorie und Praxis eines handlungs- und erfahrungsbezogenen Literaturunterrichts in Sekundarstufe I und II*, 2. Aufl. Seelze 2008. S. 72–74.

handelndes Erschließen verschiedener Textauszüge gelingt den Schülerinnen und Schülern die Analyse, Deutung und Reflexion der Figurenkonzeption. Das Verfahren der Standbilder ist besonders für die eigenständige Auseinandersetzung mit dem Thema Pubertät/Sexualität geeignet, da es ergebnisoffen ist und zugleich einen spielerischen Zugang zur Thematik eröffnet. Hintergrundinformationen zum Themenkomplex Jugend – Pubertät – Sexualität lassen sich den folgenden Lexikonauszügen entnehmen und können den Schülerinnen und Schülern bei Bedarf als Orientierungshilfe zur Verfügung gestellt werden:

Jugend

Die Zeit zwischen Kindheit und Erwachsenenalter [...] wurde lange Zeit biopsychologisch als reifebedingter Entwicklungsabschnitt gesehen. [...] Danach tritt Jugend als besonderer sozialer Status erst in entwickelteren Gesellschaften auf, wenn zur Familie neue Sozialisationsinstanzen hinzukommen, eine Art zweiten sozialen Horizont schaffen, der Übergang von der Kindheit zum Erwachsenenleben immer mehr ausgedehnt wird und so allmählich eine jugendliche Teilkultur [...] entsteht. Die Ausrichtung der Heranwachsenden an Normen, Werten und Zielen der Erwachsenengeneration erfolgt dann nicht mehr bruchlos (Generationenkonflikt), es kommt zu eigenen altershomogenen Orientierungen [...], die sich dann als Protestbewegung [...] äußern oder zu Fehlanpassungen (soziale Auffälligkeiten, Jugendkriminalität) führen können.

(Aus: Winfried Böhm: *Wörterbuch der Pädagogik*. 16., vollst. überarb. Aufl. unter Mitarbeit von Frithjof Grell. Alfred Kröner, Stuttgart 2005, S. 327)

Pubertät

[...] Der mit Erreichen der Geschlechtsreife verbundene sowohl reife- als auch kulturbedingte Übergang von der Kindheit zur Adoleszenz. Diese durch die heutigen zivilisatorischen Lebensbedingungen beschleunigte Entwicklungsphase äußert sich physisch in der Ausbildung der sekundären Geschlechtsmerkmale (Stimmbruch, Behaarung, Menstruation) und psychisch in Unausgeglichenheit, Erregbarkeit, Phantasietätigkeit, Trotz. Die pädagogischen Ziele in der Pubertätsentwicklung liegen in geistiger Selbständigkeit, im Aufbau eines eigenen Wertmaßstabes und in der Eingliederung in das Erwachsenenleben.

(Aus: Winfried Böhm: *Wörterbuch der Pädagogik*. 16., vollst. überarb. Aufl. unter Mitarbeit von Frithjof Grell. Alfred Kröner, Stuttgart 2005, S. 515)

Sexualität

(lat. *sexus*: Geschlecht, Geschlechtlichkeit). Unter S. wird zum einen die angeborene Energie verstanden, die den Menschen befähigt und treibt, sich mit Hilfe seiner erogenen Zonen Lust zu verschaffen, und die ihm die Möglichkeit gibt, sich fortzupflanzen; zum anderen die gesellschaftlich geprägten Erscheinungsformen, in denen sich diese Triebenergie äußert [...]. Während der Sexualtrieb der Tiere instinktgeleitet und an die Fortpflanzung gekoppelt ist, hat sich die menschliche S. vom Instinkt gelöst. Der Mensch kann Lust erleben, ohne sich dabei fortzupflanzen, und er kann die S. auf vielfältige Weise allein und in Beziehungen genießen. [...] Die menschliche S. ist zwar instinktentbunden, aber doch an Reifeprozesse gebunden. [...] Von der Pubertät an steht [...] das ganze Spektrum der S. zur Verfügung. [...] Die Chance, die eigene S. weiter zu entwickeln, ist mit jedem weiteren Reifungsschritt [...] neu gegeben. Aber auch unabhängig davon, ist es möglich, die eigene S. über die traditionellen Muster hinaus zu erweitern und zu entfalten. [...] Bisexualität; Heterosexualität; Homosexualität [u.a.].

(Aus: Ruth Waldeck: *Sexualität*, in: Renate Kroll (Hrsg.): *Metzler Lexikon Gender Studies/Geschlechterforschung. Ansätze – Personen – Grundbegriffe*. J. B. Metzler, Stuttgart/Weimar 2002, S. 358 f.)

Am Beispiel der 6 Textauszüge auf der Kopiervorlage erkennen die Schülerinnen und Schüler, dass Maik sich in Abhängigkeit von Menschen in seinem Umfeld entwickelt. Die Auswahl trägt der besonderen Prägung durch Angehörige der *peer group* Rechnung. In der Erarbeitung der einzelnen Textstellen wird zum einen deutlich, in welchen Situationen es Maik besonders schwerfällt, seine Gefühle offen zu zeigen, zum anderen zeichnet sich ab, dass Maik zunehmend sicher und unbefangen mit anderen umzugehen lernt.

Die Auszüge für Gruppe 1 zeigen den Wandel in der Beziehung zwischen Maik und Tatjana. Maik ist seit langem in Tatjana verliebt, aber er ist aber nicht in der Lage, ihr dies mit Worten zu sagen. Stattdessen schenkt er ihr zum Geburtstag eine in liebevoller Hingabe angefertigte Zeichnung ihrer Lieblingssängerin Beyoncé. Er braucht den Anstoß durch Tschick, um sich zu trauen, Tatjana die Zeichnung zu überreichen (Textstelle 1). Auch nach den Sommerferien erschient Tatjana Maik zunächst so rätselhaft wie faszinierend. Erst als sich seine Mitschülerin für Maiks Verletzungen interessiert *(S. 239)*, kann er seine Zurückhaltung überwinden (Textstelle 2).

Die Auszüge für Gruppe 2 zeigen den Wandel in der Beziehung zwischen Maik und Isa. Unmittelbar auf die anfänglich wortlose, allein durch Blicke vermittelte Begegnung zwischen Maik und Isa folgt ein erster derber Wortwechsel sowie eine Reihe von Missverständnissen (Textstelle 1). Dem steht Maik schließlich als romantisch veranlagter Jugendlicher gegenüber, dem nicht an einem schnellen und oberflächlichen sexuellen Abenteuer gelegen ist (Textstelle 2). Im Vergleich zur Gruppe 1 wird hier deutlich, dass es Maik nun gelingt, seine Gefühle in Worte zu fassen, obwohl Isa die Initiative ergreift und seine Reaktion mit der Frage „Hast du schon mal gefickt?" *(S. 171)* provoziert.

Die Auszüge für Gruppe 3 zeigen den Wandel in der Beziehung zwischen Maik und Tschick. Auf ihrer Reise kommen sich die beiden Protagonisten zwar immer näher, trotzdem vermieden sie es, über ihre Gefühle füreinander zu sprechen. In der Kulisse eines Liebesfilms (sternklare Sommernacht, zirpende Grillen) sagt der Austausch tiefer Blicke mehr als das ersatzweise Bekunden der Ehrfurcht („Wahnsinn", *S. 122*) vor dem beobachteten Naturschauspiel (Textstelle 1). Erst gegen Ende bekennt sich Tschick zu seiner Homosexualität *(coming out)*, ohne Maik damit noch überraschen zu können (Textstelle 2). Darin spiegelt sich die Entwicklung der Protagonisten, sie sind nun Freunde, können frei über ihre Schwächen, Eigenheiten, Besonderheiten und Vorlieben sprechen und einander ganz akzeptieren. Dies ist belegt durch Maiks Aussage: „[...] ich dachte einen Moment darüber nach, auch schwul zu werden. Das wäre jetzt wirklich die Lösung aller Probleme gewesen, aber ich schaffte es nicht. Ich mochte Tschick wahnsinnig gern, aber ich mochte Mädchen irgendwie lieber." *(S. 214)*

Die Erfahrung hat gezeigt, dass Standbilder zu einem vertieften Textverstehen beitragen, Missverständnisse im Textverstehen aufdecken und ausräumen. Motivierend sind Standbilder, weil die analytische Textarbeit hierdurch in ein handlungs- und produktionsorientiertes Verfahren überführt wird. Darüber hinaus fördern Standbilder das *close reading*, und zwar durch die Konzentration auf einen bestimmten Textausschnitt, der zunächst genau beschrieben und interpretiert wird und dann mit anderen Textausschnitten in Beziehung gesetzt wird, um schließlich die Figur Maik in ihrem Handlungskontext zu erschließen.

Hinweise zur Durchführung

Für die Durchführung des Unterrichtsvorschlags werden 2 Unterrichtsstunden benötigt. In der 1. Stunde erfolgt die Konzeption der Standbilder als Ergebnis der Textarbeit, in der 2. Stunde werden die Standbilder präsentiert und hinsichtlich ihrer Leistung für das tiefere Textverständnis bezüglich der Entwicklung des Protagonisten im Plenum diskutiert.

Zu Beginn der 1. Stunde werden Arbeitsgruppen gebildet (à 5 Schülerinnen und Schülern). Dem Standbildbau liegen 6 Textauszüge (auf **Kopiervorlage 5**) zugrunde, die auf unterschiedliche Gruppen zu verteilen sind. Damit in der Auswertungsphase jeweils eine Vergleichsgruppe zu einer vertiefenden Deutung beitragen kann, sollte jeder Textauszug doppelt vergeben werden.

Zu den Arbeitsaufträgen

Nach der Einteilung der Arbeitsgruppen erhalten die Schülerinnen und Schüler die Kopiervorlage 5, die neben dem Arbeitsauftrag auch Hinweise für die Gestaltung des Standbildes (Aufträge 1–3) und die Präsentation (Aufträge 4–5) sowie die Auswertung desselben (Auftrag 6) beinhaltet.

An die Vorbereitung in Arbeitsgruppen schließt sich die Präsentation der Standbilder im Plenum an. Als möglicher Impuls für diese Unterrichtsphase bietet sich an: „Baut das Standbild zu eurem Textauszug auf. Bleibt einen Moment in der eingenommenen Position, so dass eure Mitschülerinnen und Mitschüler die vom Standbild ausgehende Wirkung beschreiben können und diese reflektieren, eventuell kritisieren oder eigene Vorschläge machen können."

Dann erfolgt die gemeinsame Auswertung, bei der die darstellende Gruppe jeweils mit einbezogen wird. Als Impuls für die Auswertung durch die präsentierende Gruppe ist möglich: „Begründet nach der Beschreibung des Standbildes durch die Zuschauerinnen und Zuschauer selbst, aus welchen Gründen ihr eurem Standbild seine Form gegeben habt."

An die Präsentation der Standbilder zu den 6 Textauszügen sollte sich ein durch die Lehrperson gelenktes Unterrichtsgespräch anschließen, das die Entwicklung des Ich-Erzählers, wie in den sachanalytischen Überlegungen beschrieben, thematisiert. Ein möglicher Impuls kann lauten: „Anhand der Standbilder habt ihr Maik in verschiedenen Situationen und Interaktionen erlebt. Beschreibt diese nun noch einmal kurz und erläutert seine Entwicklung."

Modul 5 | Figurenkonstellation und Figurencharakterisierung

Sachanalyse/didaktische Hinweise

Die Figurenkonstellationen sind vom Autor sorgfältig geplant, so dass es möglich und hilfreich ist, diese in einer Strukturskizze abzubilden, um die Haupt- und Nebenfiguren in ihrer Interaktion auf Plakaten veranschaulichen zu können. Die Klärung der Figurenkonstellation ist die Voraussetzung der Figurencharakterisierung.

Die Figuren eines literarischen Textes können auf vielfältige Weise gestaltet sein. Unterschieden werden sowohl *direkte* (durch den Erzähler, eine andere Figur oder die Figur selbst) als auch *indirekte* (durch die Art der Darstellung, aus der der Leser Rückschlüsse auf die Eigenschaften der Figur zieht) Formen der Figurencharakterisierung. Zu einer Charakterisierung gehören neben dem äußeren Erscheinungsbild, das äußere Verhalten, die innere Einstellung und die Lebensumstände.

Nach der Charakterisierung schreiben die Schülerinnen und Schüler einen inneren Monolog aus der Sicht von Isa, Maiks Vater, Tatjana oder der Sprachtherapeutin. Diese Textproduktion ist dem gestaltenden Interpretieren zuzuordnen und führt zu einem vertiefenden Textverstehen, weil die Schülerinnen und Schüler die Leerstellen füllen, die durch die Erzählhaltung (Maik = Ich-Erzähler) eröffnet werden. Hinweise zum Abfassen eines inneren Monologs können der Kopiervorlage entnommen werden.

Nach dem Schreiben des inneren Monologs reflektieren die Schülerinnen und Schüler ihre Gestaltungsidee, was ein fester Bestandteil des gestaltenden Interpretierens ist. In einer Schreibkonferenz, die eigenverantwortlich durchgeführt wird, überarbeiten sie ihre Textproduktionen. Dadurch erhalten sie die Möglichkeit, die Bewertung ihrer Texte unabhängig von der Lehrperson vorzunehmen. Die Schülerinnen und Schüler orientieren sich an dem Kriterienkatalog zum inneren Monolog auf der Kopiervorlage, Alternativen der Gestaltung werden diskutiert. Abweichungen und Dissonanzen sollten im Sinne einer positiven Fehlerkultur als Anreiz dienen, die Schreibprodukte durch Überarbeitung qualitativ zu verbessern.

In Klausurvorschlag I wird das Thema Charakterisierung wieder aufgegriffen (anhand der Figur Tschick).

Hinweise zur Durchführung

Für die Erarbeitung der Figurenkonstellationen sind 2 Unterrichtsstunden, für die anschließende Schreibkonferenz ist 1 Stunde einzuplanen.

Figurenkonstellation

Material
- Plakate
- Stifte
- Magnete

Die Figurenkonstellation wird in einer Gruppenarbeit entwickelt und auf Plakaten festgehalten. Dazu werden verschiedene Arbeitsgruppen mit gleicher Teilnehmerzahl gebildet. Diese Methode eignet sich zur eigenständigen Konzipierung und fördert das kooperative und selbständige Lernen. Zunächst verständigen sich die Schülerinnen und Schüler über die Aufgabenstellung, sie können jeweils eine Mitschülerin oder einen Mitschüler in moderierender (regelt die Gesprächsabläufe), zeitnehmender (achtet auf die Ergebnissicherung innerhalb der zur Verfügung stehenden Arbeitszeit) und protokollierender (hält das Gesamtergebnis mit den einzelnen Teilergebnissen, offene Fragen und Probleme fest) Funktion wählen. Die Erarbeitungsphase der Plakate und die Präsentation der Ergebnisse ist für die 1. Unterrichtsstunde vorgesehen.

Die Ergebnispräsentation kann durch eine Gruppe oder bei sehr unterschiedlichen Realisierungen, die zu Ergänzungen beitragen, durch mehrere Gruppen erfolgen. Am Ende der Präsentation muss in einem gelenkten Unterrichtsgespräch eine Einigung erzielt werden, bei der die wichtigsten Romanfiguren genannt werden. Erwartet wird hier die Nennung von: Maik, Tschick, Maiks Vater, Tatjana, Isa, der Sprachtherapeutin/ dem Flusspferd.

Um selbständig Arbeitsergebnisse in Kleingruppen zur Charakterisierung der einzelnen Figuren erstellen zu können, sollten die Schülerinnen und Schüler über eine vorbereitende Hausaufgabe für jeweils 2 Figuren Charakteristika zusammentragen und am Text belegen. Die Lehrperson verteilt die Hausaufgabe so, dass alle jeweils den Protagonisten und Ich-Erzähler Maik bearbeiten und zusätzlich eine der 4 übrigen Nebenfiguren, wobei folgende Kombinationen sinnvoll sind: Maik – Tatjana, Maik – Flusspferd, Maik – Maiks Vater und Maik – Isa. 4 Schülerinnen und Schüler bilden dann jeweils eine Gruppe. In einer Unterrichtsstunde (der 2. Stunde des Moduls) stellen die Schülerinnen und Schüler die Ergebnisse der Hausaufgabe innerhalb ihrer Gruppe für eine Charakterisierung Maiks zusammen und diskutieren diese mit Blick auf Vollständigkeit.

Charakterisierung, gestaltendes Interpretieren

Im Anschluss an die Gruppenarbeit findet eine Schreibaufgabe mit der Möglichkeit zu gestaltendem Interpretieren in 2 bzw. 3 Schritten statt (**Kopiervorlage 6**):

- Die Schülerinnen und Schüler werden aufgefordert, eine Charakterisierung für die Figur Maik schriftlich anzufertigen (Auftrag 1). Diesen Teil der Schreibaufgabe sollten sie noch in der 2. Unterrichtsstunde verfassen.
- Die Schülerinnen und Schüler setzen sich in der literarischen Form eines inneren Monologs in einer Hausaufgabe mit der Figur Maik auseinander, indem sie Maik entsprechend den Gruppenarbeitsergebnissen aus der Sicht von Isa (Müllhalde, Erlebnisse auf dem Parkplatz und am See), Maiks Vater (Beginn/Ende: versucht, die Schuld auf Tschick abzuwälzen), Tatjana (Geburtstag/Ende: Desinteresse wandelt sich in Faszination) oder der Sprachtherapeutin/dem Flusspferd (erster Unfall, Hilfe und Unterstützung) beschreiben (Auftrag 2).
- Die Schülerinnen und Schüler werden darüber hinaus aufgefordert, ihre gestalterischen Entscheidungen in Hinblick auf die Anforderungen eines inneren Monologs in einer Hausaufgabe zu erläutern, gegebenenfalls können auch Gestaltungsalternativen beschrieben werden. Dieser Aufgabenteil ist optional und eignet sich insbesondere für leistungsstarke Schülerinnen und Schüler (Auftrag 3).
- Die 2 bzw. 3 Aufgabenteile zum gestaltenden Interpretieren beraten die Schülerinnen und Schüler in einer Schreibkonferenz mit dem Ziel der inhaltlichen und sprachlichen Überarbeitung (**Kopiervorlage 7**). Die von den Schülerinnen und Schülern überarbeiteten Textfassungen können von der Lehrperson bewertet werden.

Zu den Arbeitsaufträgen

Für die Gruppenarbeit zur Anfertigung des Plakats zur Figurenkonstellation kann der folgende Impuls dienen: „Ordnet die Figuren des Romans einander zu, geht dabei von den Protagonisten Maik und Tschick aus. Arbeitet ein Schaubild auf Plakaten aus, das die Figurenkonstellation darstellt, ohne dass ihr dabei eine Charakterisierung der einzelnen Figuren vornehmt." Als Differenzierungsmöglichkeit können den Schülerinnen und Schülern für die Darstellung die folgenden Kriterien zur Orientierung an die Hand gegeben werden: Die Protagonisten Maik und Tschick stehen im Zentrum, die anderen Figuren sind ihrem familiären Umfeld, der Schule und ihrer Reise zuzuordnen.

Figurenkonstellation

Modul 5 – Figurenkonstellation und Figurencharakterisierung

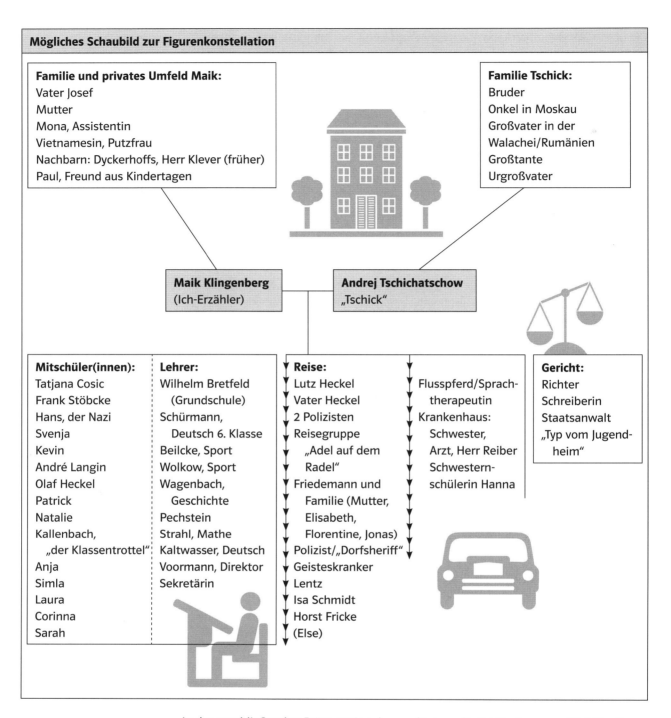

Mögliches Schaubild zur Figurenkonstellation

Familie und privates Umfeld Maik:
Vater Josef
Mutter
Mona, Assistentin
Vietnamesin, Putzfrau
Nachbarn: Dyckerhoffs, Herr Klever (früher)
Paul, Freund aus Kindertagen

Familie Tschick:
Bruder
Onkel in Moskau
Großvater in der Walachei/Rumänien
Großtante
Urgroßvater

Maik Klingenberg (Ich-Erzähler) — **Andrej Tschichatschow** „Tschick"

Mitschüler(innen):
Tatjana Cosic
Frank Stöbcke
Hans, der Nazi
Svenja
Kevin
André Langin
Olaf Heckel
Patrick
Natalie
Kallenbach, „der Klassentrottel"
Anja
Simla
Laura
Corinna
Sarah

Lehrer:
Wilhelm Bretfeld (Grundschule)
Schürmann, Deutsch 6. Klasse
Beilcke, Sport
Wolkow, Sport
Wagenbach, Geschichte
Pechstein
Strahl, Mathe
Kaltwasser, Deutsch
Voormann, Direktor
Sekretärin

Reise:
Lutz Heckel
Vater Heckel
2 Polizisten
Reisegruppe „Adel auf dem Radel"
Friedemann und Familie (Mutter, Elisabeth, Florentine, Jonas)
Polizist/„Dorfsheriff"
Geisteskranker
Lentz
Isa Schmidt
Horst Fricke
(Else)

Flusspferd/Sprachtherapeutin
Krankenhaus:
   Schwester,
   Arzt, Herr Reiber
   Schwesternschülerin Hanna

Gericht:
Richter
Schreiberin
Staatsanwalt
„Typ vom Jugendheim"

In der anschließenden Präsentationphase erläutern die Schülerinnen und Schüler ihre Schaubilder zur Figurenkonstellation. Die übrigen vergleichen den präsentierten Vorschlag mit ihren eigenen Ergebnissen und diskutieren Gemeinsamkeiten und Unterschiede. Im Anschluss an die Präsentation der Plakate leitet die Lehrperson mit dem folgenden Impuls in das Unterrichtsgespräch über: „Erläutert, welche Romanfiguren als Handlungsträger besonders wichtig sind und begründet eure Aussagen."

Charakterisierung

In der die **Aufträge 1 und 2** der **Kopiervorlage 6** vorbereitenden Hausaufgabe sammeln die Schülerinnen und Schüler zunächst Material zur Charakterisierung von zwei zentralen Figuren des Romans. In den Arbeitsaufträgen der Kopiervorlage werden sie dann aufgefordert, eine Charakterisierung Maiks und einen inneren Monolog aus der Sicht einer der anderen Figuren zu schreiben.

Modul 5 – Figurenkonstellation und Figurencharakterisierung

Eine Figurencharakterisierung für Maik sollte die folgenden Aspekte berücksichtigen:

Maik Klingenberg

Zum äußeren Erscheinungsbild: Maik ist 14 Jahre alt *(S. 106)*, bezeichnet sich selbst als „reich, feige, wehrlos" *(S. 62)*. Er versucht, sich mit einer „[ü]bertrieben geile[n] Jacke" *(S. 61)* das Image eines interessanten Teenagers zu geben. Ihm ist Materielles unwichtig, so teilt er seine Kleidung, die der eines Daily-Soap-Darstellers entspricht, bereitwillig mit Tschick *(S. 92)*. Insgesamt kann Maik als unauffällig bezeichnet werden, in seinen eigenen Worten als „größte[r] Feigling unter der Sonne" und „größte[r] Langweiler" *(S. 212)*. Zum äußeren Verhalten können keine Angaben gemacht werden, da keine auffälligen Verhaltensweisen vorliegen. Zur inneren Einstellung: Maik ist heimlich in seine Klassenkameradin Tatjana Cosic verliebt, jedoch ohne seinen Gefühlen Ausdruck verleihen zu können *(S. 23)*. Er steht trotz der brutalen Angriffe seines Vaters zu seinem Freund Tschick und trägt die Mitverantwortung für die gemeinsam begangenen Taten *(S. 227–236)*. Zu den Lebensumständen: Maiks Vater arbeitet als Immobilienmakler, das Geschäft ist viele Jahre gut gelaufen, nun überwiegen finanzielle Probleme, durch die der Wohlstand der Familie gefährdet ist *(S. 65)*. Während sich Maiks Mutter wegen ihrer Alkoholsucht zum wiederholten Mal der Therapie in einer Entzugsklinik unterzieht *(S. 68)*, verreist der Vater mit seiner Assistentin Mona *(S. 72)* und zieht gegen Ende der erzählten Handlung mit ihr zusammen *(S. 250)*. Maik geht in die 8. Klasse des Berliner Hagecius-Gymnasiums *(S. 9)*, gute Leistungen erzielt er in Mathematik *(S. 50)*, herausragende in Sport, er definiert den Schulrekord im Hochsprung neu *(S. 36)*. Seine Mitschüler bezeichnen Maik in der 6. Klasse aufgrund eines Schulaufsatzes über seine alkoholkranke Mutter als „Psycho" *(S. 21)*, er verliert diesen Spitznamen aber, weil er seinen Mitschülern als langweilig erscheint; er hat keine Freunde in der Klasse *(S. 21)*. Von den Eltern sich selbst überlassen hat Maik Zeit, mit Tschick auf Reisen zu gehen *(S. 104)*.

Eine Figurencharakterisierung für Maiks Vater sollte die folgenden Aspekte berücksichtigen:

Josef Klingenberg

Maiks Vater Josef spielt wie seine Frau Tennis, „aber nicht so gut" *(S. 27)*. Maiks Mutter wird von ihrem Mann wegen ihres Suchtproblems schlecht behandelt *(S. 27)*. Die Ehe von Maiks Eltern scheint seit langem nur noch formal weiterzubestehen, sachliche und interessierte Gespräche sind nicht mehr möglich. Maik, der zuerst sich oder Geldsorgen für den Streitgrund hält, erkennt, „dass sie sich gern anschrien. Dass sie gerne unglücklich waren." *(S. 70)* Politisch ist Josef Klingenberg wirtschaftsliberal orientiert, jedenfalls hält er den Vater von Maiks Mitschüler André Langin, einen FDP-Lokalpolitiker, für bedeutend *(S. 34)*. An seinen früheren beruflichen Erfolg kann der Immobilieninvestor wegen eines mittlerweile 10 Jahre dauernden Prozesses um Bauland nicht anknüpfen, Aktienspekulationen haben ihn danach vollends ruiniert *(S. 25, 65 f.)*. Obwohl Maiks Mutter sich bei Beginn der Sommerferien zu einem Alkoholentzug in eine Klinik begibt, überlässt Josef Klingenberg seinen Sohn, den er mit 200 Euro ausstattet, sich selbst. Wichtiger ist ihm ein angeblicher Geschäftstermin, den er mit seiner jungen Assistentin und Geliebten Mona wahrnehmen will *(S. 69–72)*. Wegen dieser Vernachlässigung ist der Wut- und Gewaltausbruch gegenüber Maik auch als Zorn auf sich selbst deutbar: Weil Maik nicht dazu bereit ist, sich aus der Verantwortung für die mit Tschick gemeinsam begangenen Taten zu stehlen, bezieht er Position gegen seinen Vater. Standhaftigkeit beweist Maik, weil er unbeeindruckt von den rassistisch motivierten Drohungen und selbst nach den Schlägen seines Vaters nicht dazu bereit ist, seinen Freund vor Gericht zu belasten *(S. 227–236)*. Schließlich plant Josef Klingenberg, seine Familie zu verlassen und mit Mona zusammenzuziehen *(S. 250)*.

Modul 5 – Figurenkonstellation und Figurencharakterisierung

Eine Figurencharakterisierung für Isa sollte die folgenden Aspekte berücksichtigen:

Isa Schmidt

Isa Schmidt ist im gleichen Alter wie Maik und Tschick *(S. 149)*, sie lernt die Freunde auf einer Müllkippe kennen, wo sie sich mit einer geheimnisvollen Holzkiste *(S. 150, 153, 168)* aufhält. Nach der Austragung eines aggressiven Wortgefechts mit Tschick hilft sie beiden aus ihrer Notsituation, indem sie zunächst einen Schlauch *(S. 153)* und damit später auf einem Autobahnrastplatz das zum Weiterfahren benötigte Benzin beschafft *(S. 162 f.)*. Daraufhin schließt sie sich den Jungen an und setzt gemeinsam mit ihnen die Reise in Richtung Süden fort, um auf diesem Weg zu ihrer „Halbschwester in Prag" *(S. 164)* zu gelangen. Sie ist neugierig und möchte deswegen alles über das Leben von Maik und Tschick erfahren, gibt selbst aber außer ihrem Wunsch, später beim Fernsehen arbeiten zu wollen, so gut wie nichts von sich preis *(S. 156)*. Weil Isa in völlig verdreckter Kleidung *(S. 150)* und äußerlich verwahrlost *(S. 165)* lebt, stinkt sie auffällig *(S. 156, 158)*. Erst nach einem ausgiebigen Bad im See wird sich Maik, der zuvor bereits ihren Gesang bewundert hat *(S. 157)*, ihrer körperlichen Schönheit bewusst *(S. 167)*. Als Maik ihr die Haare schneidet und diesen Moment großer Intimität genießt, fragt Isa den schüchternen Einzelgänger sehr direkt nach seinen sexuellen Erfahrungen *(S. 171)* und kommt ihm in verstörender Weise so nahe *(S. 172)*, dass Tschick bereits vermutet, sein Freund habe sich erneut verliebt *(S. 177)*. Nicht zuletzt Isas Interesse an denselben Fragen, die Maik und Tschick bewegen, schweißt die drei zusammen *(S. 174 – 176)*. Dass ihr Interesse an Maik dauerhaft ist, beweist sie mit ihrem Brief an ihn, in dem sie die Initiative für ein baldiges Treffen in Berlin ergreift *(S. 250)*.

Eine Figurencharakterisierung für die Sprachtherapeutin/das Flusspferd sollte die folgenden Aspekte berücksichtigen:

Sprachtherapeutin/Flusspferd

Eine namenlos bleibende Frau, die aufgrund ihrer beträchtlichen Leibesfülle von Maik als „Flusspferd" *(S. 190)* wahrgenommen wird und sich später als „Sprachtherapeutin" *(S. 195)* vorstellt, kommt Maik und Tschick nach ihrem ersten Unfall zu Hilfe. Da sie den Überschlag des Autos beobachtet haben muss, ist sie um die Insassen besorgt und fürchtet, dass das Auto zu brennen anfangen könne. Vorsorglich rüstet sie sich mit einem Feuerlöscher, der Tschick durch ein Versehen dann zum Verhängnis wird. Trotz ihres überlegten Vorgehens vermutet Maik auch bei ihr eine Schockreaktion infolge des Unfalls *(S. 192)*: Als sie Blut in Tschicks Gesicht sieht, lässt sie den Feuerlöscher auf seinen Fuß fallen und verletzt ihn dadurch erst. Während sie die Jungen mit dem Auto ihres Mannes *(S. 195)* ins Krankenhaus bringt, hört sie sich aufmerksam die Geschichte der beiden an, ohne sie wegen des Autodiebstahls zu verurteilen. Sie scheint fasziniert vom Wagemut der Freunde zu sein, denn sie zeigt sich belustigt und droht nicht mit Strafe. Die große Hilfsbereitschaft der Sprachtherapeutin zeigt sich – vielleicht durch Schuldgefühle beeinflusst *(S. 200)* – in praktischen Fragen genauso wie auf materieller und ideeller Ebene. Ohne Zögern trägt sie den verletzten Tschick ins Auto, weil dieser vor Schmerzen selbst nicht mehr laufen kann *(S. 193)*; sie möchte für Tschick, der nicht krankenversichert ist, die ärztlichen Behandlungskosten *(S. 198)* übernehmen und gibt den Jungen darüber hinaus 200 Euro für ihre Rückfahrt nach Berlin *(S. 201)*; am wichtigsten ist aber sicher ihre vorurteilsfreie Zuwendung: indem sie während der Fahrt ins Krankenhaus ihre Arbeit als Sprachtherapeutin erklärt, sorgt sie für Ablenkung und ein Stück Normalität *(S. 196 – 197)*, im Krankenhaus bleibt sie noch lange bei Maik und Tschick und verkürzt durch Unterhaltung das Warten auf die Behandlung *(S. 200)*. Noch im Rückblick empfindet Maik die Begegnung mit der Sprachtherapeutin als die netteste von allen *(S. 201)*, deswegen schützt er die Frau bei der Gerichtsverhandlung dadurch, dass er sie nicht erwähnt *(S. 234)*.

Schreibkonferenz   Für die Durchführung der Schreibkonferenz ist die **Kopiervorlage 7** vorgesehen, die einen Kriterienkatalog zur Beurteilung jedes Textes durch 2 Korrektoren oder Korrektorinnen enthält. Verbesserungsvorschläge sollten auf einem Extrablatt notiert werden.

Modul 6 | Zum Aufbau des Romans

Modul 6.1 | Der Erzähler

Sachanalyse/didaktische Hinweise

Mit diesem Unterrichtsvorschlag erarbeiten die Schülerinnen und Schüler Wissen zum Erzähler (Auftrag 1 der Kopiervorlage 8), der Erzählform und der Erzählhaltung. Im Roman *Tschick* ist der Erzähler Maik Klingenberg als Figur Teil der erzählten Welt und zugleich die Hauptfigur der Geschichte (Auftrag 2). Die Schülerinnen und Schüler sollen die Konsequenzen aus der Erzählhaltung erkennen (Auftrag 3): Zum einen sind die Beschreibungen von Maik sehr nah am Geschehen. Lebendiger und intensiver werden sie dadurch, dass der Leser alles aus erster Hand, das heißt unmittelbar in der Perspektive des Ich-Erzählers erlebt. Zum anderen ist Maiks Sicht in den erzählenden Passagen eingeschränkt. Zum Beispiel kann er keine Innensichten der anderen Figuren wiedergeben, sondern nur Äußeres (Handlungen, Situationen etc.) beschreiben, Gespräche und Äußerungen wiedergeben, eine andere Perspektive ist aber durch die zahlreichen Dialogpassagen möglich (aber auch die erzählt Maik). Beim Lesen ist man ganz auf Maik angewiesen und weiß nicht, ob stimmt, was er erzählt. Daraus ergibt sich die Frage: Wie zuverlässig und glaubwürdig ist das, was Maik erzählt?

Hinweise zur Durchführung

Mit Hilfe der **Kopiervorlage 8** erarbeiten die Schülerinnen und Schüler den Begriff „Ich-Erzähler", bestimmen im Anschluss daran den Erzähler im Roman und arbeiten die oben aufgeführten Besonderheiten des Erzählers heraus (**Aufträge 1 und 2**). In einer 3. Erarbeitungsphase analysieren die Schülerinnen und Schüler vorgegebene Textauszüge, arbeiten die weiteren Besonderheiten der Erzählhaltung heraus und erläutern ihre Bedeutung für die Leserinnen und Leser (**Auftrag 3**). Für die 3 Erarbeitungsphasen wird die Sozialform Partnerarbeit empfohlen, die Auswertung sollte im durch die Lehrperson gelenkten Unterrichtsgespräch erfolgen. Insgesamt ist für diesen Unterrichtsvorschlag 1 Unterrichtsstunde einzuplanen.

Modul 6.2 | Einen Bericht schreiben

Sachanalyse/didaktische Hinweise

Das Berichten ist die sprachliche Handlungsform, die sich zum Erzählen oppositionell verhält; beide zählen zu den informierenden sprachlichen Handlungsformen, „die die Funktion haben, ein Wissensdefizit beim Hörer bzw. Leser zu beseitigen oder bestehendes Wissen neu zu perspektivieren"[5]. Der Schreibende benötigt für die objektive Darstellung eines Ereignisses Distanz, damit er die Leserinnen und Leser über den abgeschlossenen Vorgang in Kenntnis setzen kann, und folgt in „auf W-Fragen bezogenen Darstellungsschritten der Linearität des Ereignisses".[6] Schreibanlass und Grundlage der Ereignisberichte ist das Telefonat zwischen Maik und Herrn Reiber, der vermeintlichen „Tante Mona" *(S. 206–210)* im Krankenhaus.

---

[5] Angelika Steets: Schreiben. In: *Deutsch. Methodik. Handbuch für die Sekundarstufe I und II*, hg. v. Gisela Beste, Berlin 2007, S. 53–96, hier: S. 82.
[6] Steets, a.a.O., S. 80.

Hinweise zur Durchführung

Die Schülerinnen und Schüler fertigen in Einzelarbeit Ereignisberichte an, die dann in der Gruppe überarbeitet werden. Die Anforderungen an das Schreiben eines Berichts wie auch das Raster für die Schreibkonferenz sind auf der **Kopiervorlage 9** zusammengestellt. Für das Schreiben in Einzelarbeit werden den Schülerinnen und Schülern 20 Minuten der Unterrichtsstunde zur Verfügung gestellt, die Schreibkonferenz zur Überarbeitung füllt den Rest der Unterrichtsstunde aus.

Modul 7 | Dramatisierung eines Kapitels

Sachanalyse/didaktische Hinweise

Darstellendes Spiel – Inszenierung einer Romanvorlage

Um sich mit dem literarischen Text auseinanderzusetzen, wird in diesem Unterrichtsvorschlag die szenische Interpretation gewählt, die zu den handlungs- und produktionsorientierten Verfahren gezählt wird. Die szenische Interpretation wird eingesetzt, um die eigene Textproduktion und deren szenische Umsetzung mit dem literarischen Ausgangstext wie auch seiner dramatisierten Version zu vergleichen. Außerdem bietet sich die Chance, Unterschiede zwischen den eigenen Vorstellungen und der Fassung des Autors zu erörtern. Nach Kaspar H. Spinner wird damit eine „Differenzerfahrung" geschaffen.[7] Eigenes Vorwissen und die Vorstellungswelt der Schülerinnen und Schüler werden durch die szenische Interpretation aktiviert und das Textverständnis wird weiter differenziert. Durch die Gegenüberstellung von eigener Textproduktion und literarischem Text gelingt es, das Ungewöhnliche und Überraschende an literarischen Texten erfahrbar zu machen.

Differenzerfahrung spielt auch bei der Form- und Stilanalyse eines literarischen Textes eine Rolle, denn durch die Aufgaben zum szenischen Interpretieren setzen sich die Schülerinnen und Schüler mit der Ausdrucksweise des literarischen Ausgangstextes und seinen Besonderheiten auseinander. Eine Dramatisierung ist für den Roman *Tschick* wegen der hohen Zahl an Dialogen sinnvoll. Die Herausforderung besteht darin, mit der Erzählperspektive umzugehen, denn Erzähler sind per se undramatisch, im Theater unüblich. Hieraus eröffnen sich große Gestaltungsspielräume. Die Schülerinnen und Schüler könnten zum Beispiel den Erzähler Maik und die handelnde Figur Maik als zwei verschiedene Figuren realisieren. Den Ausgangstext des Romans umzuschreiben, erscheint nicht zu schwer, weil die Schülerinnen und Schüler die Dialoge komplett übernehmen und gegebenenfalls ergänzen können.

Als Grundlage für die Dramatisierung dient das Kapitel 45 *(S. 227–231)*, da das Verhältnis von Maik zu seinen Eltern, insbesondere zu seinem gewalttätigen Vater, hier erstmals in der Reihe problematisiert wird. Diskussionen von Eltern und Heranwachsenden gehören in den Alltag Jugendlicher und knüpfen somit an die Lebenswelt der Schülerinnen und Schüler an. Diese Diskussion bietet die Möglichkeit, sich argumentativ zu den Themen Freundschaft und Verantwortung zu positionieren und, ausgehend von den rassistischen Äußerungen des Vaters, zum Thema Migration Stellung zu beziehen.

---

[7] Kaspar H. Spinner: Handlungs- und produktionsorientierte Verfahren im Literaturunterricht. In: *Deutsch-Didaktik – Leitfaden für die Sekundarstufe I und II*, hg. v. Michael Kämper-van den Boogaart, Berlin 2008, S. 184–198, hier: S. 194.

Modul 7 – Dramatisierung eines Kapitels

Hinweise zur Durchführung

Für die Durchführung des Unterrichtsvorschlags sind 2 Unterrichtsstunden einzuplanen.
Die **Kopiervorlage 10** enthält die Arbeitsaufträge für die szenische Interpretation wie auch für die sich anschließende Diskussion im Plenum.

Zu den Arbeitsaufträgen

Die Szenen 19 und 20 der Bühnenfassung von Robert Koall dienen als Erwartungshorizont für die Dramatisierung des Kapitels 45 im Roman (**Auftrag 1**):

Bühnenfassung von Robert Koall, Szenen 19 und 20

Mutter und Vater kommen rein.

Vater   Er begreift es nicht. Er begreift es nicht, er ist zu dumm! Du hast mächtig Scheiße gebaut, ist dir das klar!
Mutter   Ich glaube schon, dass er's begreift.
Vater   Weißt du, wovon ich rede? Sag gefälligst was!
Maik   Was soll ich denn sagen? Ich hab doch ja gesagt, ja, es ist mir klar. Ich hab's verstanden.
Vater   Gar nichts hast du verstanden! Gar nichts ist dir klar! Er denkt, es geht um Worte. Ein Idiot!
Maik   Ich bin kein Idiot, nur weil ich zum hundertsten Mal –
Der Vater schlägt ihn.
Mutter   Josef, lass doch.
Maik   Ich weiß, dass wir Scheiße gebaut haben, und ich weiß –
Vater   Nein, nein, nein! IHR habt überhaupt keine Scheiße gebaut, du Vollidiot! Dein assiger Russenfreund hat Scheiße gebaut! Und du bist so dämlich, dich da reinziehen zu lassen. Du bist doch allein zu blöd, um an unserem Auto den Rückspiegel zu verstellen! Glaubst du, du bist allein auf der Welt? Glaubst du, das fällt nicht auf uns zurück? Was meinst du, wie ich jetzt dastehe? Wie soll ich den Leuten Häuser verkaufen, wenn mein Sohn ihre Autos klaut?
Maik   Du verkaufst doch eh keine Häuser mehr. Deine Firma ist doch –
Ein brutaler Schlag ins Gesicht, dass Maik zu Boden geht. Die Mutter schreit.
Vater   Klar. Ganz klar. Ist auch egal. Setz dich. Ich hab gesagt, setz dich, du Idiot. Und hör genau zu. Du hast nämlich gute Chancen, mit einem blauen Auge davonzukommen. Das weiß ich vom Schuback. Außer du stellst dich so dämlich an wie jetzt und erzählst dem Richter, wie toll du ein Auto kurzschließen kannst und holla-holla. Das machen die gern beim Jugendgericht, dass sie das Verfahren gegen einen einstellen, damit er als Zeuge gegen den anderen aussagen muss. Und normal bist du derjenige, gegen den das Verfahren eingestellt wird, außer du bist zu scheißedämlich. Aber verlass dich drauf: Dein assiger Russe ist nicht so dämlich wie du. Der kennt das schon. Der hat schon eine richtige kriminelle Karriere hinter sich, Ladendiebstahl mit seinem Bruder, Schwarzfahren, Betrug und Hehlerei. Ja, da guckst du. Die ganze assige Sippschaft ist so. Hat er dir natürlich nicht erzählt. Und der hat auch kein solches Elternhaus vorzuweisen, der lebt in der Scheiße. In seiner Sieben-Quadratmeter-Scheiße, wo er auch hingehört. Der kann froh sein, wenn er in ein Heim kommt. Aber die können den auch abschieben, sagt der Schuback. Und der wird morgen versuchen, um jeden Preis seine Haut zu retten – ist dir das klar? Der hat seine Aussage schon gemacht. Der gibt dir die ganze Schuld. Das ist immer so, da gibt jeder Idiot dem anderen die Schuld.
Maik   Und das soll ich also auch machen?
Vater   Das sollst du nicht, das *wirst* du machen. Weil sie dir nämlich glauben. Verstehst du? Du kannst von Glück sagen, dass der Typ von der Jugendgerichtshilfe hier so begeistert war. Wie der das Haus gesehen hat. Wie der allein den Pool gesehen hat! Das hat er ja auch gleich gesagt, dass das hier ein Elternhaus ist mit den besten Möglichkeiten und allem Pipapo. Du bist da reingerissen worden von diesem russischen Assi. Und das erzählst du dem Richter, egal, was du der Polizei vorher erzählt hast, capisce? Capisce?
Maik   Ich erzähl dem Richter, was passiert ist. Der ist doch nicht blöd.
[…]
Die Situation eskaliert. Der Vater packt Maik und prügelt ihn zur Tür raus. Die Mutter zeternd hintendrein. Tschick kommt auf die Szene und beobachtet nachdenklich den Abgang.

> **Tschick** *Das war das Ende. Die Schläge trafen ihn überall, er fiel vom Stuhl und rutschte auf dem Fußboden rum, die Unterarme vorm Gesicht. Er hörte seine Mutter schreien und umfallen und „Josef!" rufen, und zuletzt lag er so, dass er zwischen seinen Armen heraus durchs Terrassenfenster sah. Er spürte die Fußtritte immer noch, aber es wurden langsam weniger. Sein Rücken tat weh. Er sah den blauen Himmel über dem Garten und schniefte. Er sah den Sonnenschirm über der einsamen Liege im Wind. Den Rest des Tages verbrachte er im Bett.*
>
> Robert Koall nach Wolfgang Herrndorf: *Tschick* (Reinbek 2011, S. 49 f.)[8]

Modul 8 | Rollenspiel: Wer hat Schuld?

plus D
Ethik – Familie, Freunde, Konflikte

Sachanalyse/didaktische Hinweise

Vom didaktisch-methodischen Standpunkt her spricht für ein Rollenspiel, dass dies eine Übungsform zum vertiefenden Textverstehen ist, alle Lernenden aktiviert und eine kommunikationsrelevante Situation aufgreift. Das hier vorgeschlagene handlungsorientierte *Fish-Bowl*-Verfahren bietet einen Rahmen, um die Sprechkompetenz in Diskussionen zu fördern, indem die einzelnen Schritte einer Argumentation (aufbauen, stützen, entkräften) sichtbar werden.

Hinweise zur Durchführung

Für die Durchführung des Moduls ist 1 Unterrichtsstunde vorgesehen.

Die **Kopiervorlage 11** enthält die Aufgabenstellung zu den Rollenspielen, die die Schülerinnen und Schüler zu Beginn der Unterrichtsstunde erhalten. Damit verbunden ist die Zuweisung der Partnerinnen und Partner in der Gruppe durch die Lehrperson. Die Gruppen bekommen 15 Minuten Zeit, um für die einzelnen Rollen Argumente schriftlich festzuhalten und ihre Präsentation zu üben. Die Schülerinnen und Schüler müssen die Positionen zur Schuldfrage für die einzelnen Figuren anhand ihrer Leseeindrücke ausbauen. Dies gilt insbesondere für Maiks Vater (er verwendet rassistische Klischees und Stereotypen, S. 227–231 und 235), für Maiks Mutter (für sie ist es unwichtig, dass Tschick einen russischen Migrationshintergrund hat, S. 227–231 und 251–254) und für den Geschichtslehrer Wagenbach (auch er verwendet rassistische Klischees und Stereotypen, S. 41–49 und 237–244).

Für die Durchführung des Rollenspiels sowie die Auswertung sind 30 Minuten der Unterrichtszeit vorgesehen. Jeweils eine Schülerin oder ein Schüler der Gruppe wird für die Präsentation im Plenum durch ein Losverfahren ausgewählt. Dies bietet die Möglichkeit, dass alle jederzeit beteiligt sein können, was sie zum Arbeiten anregt. Dies ist nach Norm und Kathy Green eine Voraussetzung für positive gegenseitige Abhängigkeit, die einerseits Schülerinnen und Schüler motiviert, andererseits eine positive Arbeitshaltung provoziert.[9]

Für den Austausch und die Diskussion der Gruppenarbeitsergebnisse wird das *Fish-Bowl*-Verfahren vorgeschlagen: Die ausgewählten Schülerinnen und Schüler nehmen in einem inneren Sitzkreis Platz. Ein Stuhl ist für die Moderation vorgesehen. Die übrigen Schülerinnen und Schüler bilden den äußeren Sitzkreis in einer Hufeisenform. Die

---

8 © *Tschick* von Wolfgang Herrndorf, © 2010 Rowohlt Berlin Verlag GmbH, Berlin. © der Bühnenfassung, 2011 by Robert Koall, Aufführungsrechte: Rowohlt Theater Verlag, Reinbek bei Hamburg.
9 Vgl. Norm Green, Kathy Green: *Kooperatives Lernen im Klassenraum und im Kollegium – Das Trainingsbuch*, Seelze-Velber 2007.

Gruppensprecher/-sprecherinnen tragen ihre Argumente aus ihren Arbeitsgruppen vor, sie werden durch die Moderation aufgefordert oder können per Handzeichen signalisieren, dass sie etwas sagen möchten. Wenn ein Gruppenmitglied seinen Gruppensprecher/seine Gruppensprecherin unterstützen möchte, setzt es sich auf den leeren Stuhl dahinter und bringt dann seinen Redebeitrag vor, anschließend geht es wieder in den Außenkreis zurück.

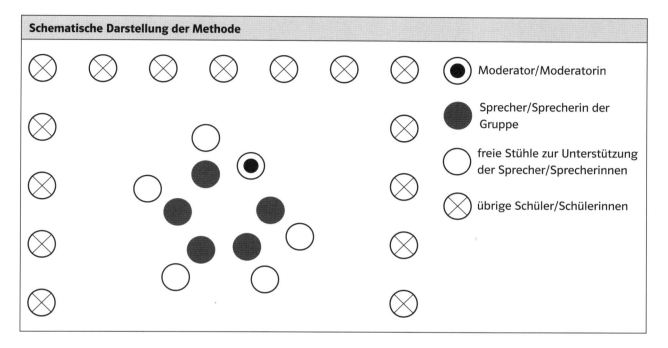

Die anderen Schülerinnen und Schüler erhalten einen Hörauftrag: Sie sollen anhand eines Beobachtungsbogens verschiedene Informationen notieren.

Um Schwierigkeiten bei der Durchführung des *Fish-Bowl*-Verfahrens auszuschließen, muss zum einen darauf geachtet werden, dass die Moderation sicher im Reden ist, die Sprecherinnen und Sprecher der Gruppe zu Wort kommen lässt und die übrigen Schülerinnen und Schüler miteinbeziehen kann. Zum anderen müssen die Argumente der Gruppensprecherinnen und -sprecher sorgfältig vorbereitet sein, mögliche Gegenargumente sind im Vorfeld zu antizipieren.

Modul 9 | Eine Rezension schreiben

Sachanalyse/didaktische Hinweise

Die Teilaspekte des Romans (Inhaltsangabe, Personenkonstellation, Genreeigenschaften und die verschiedenen Romanthemen) können die Schülerinnen und Schüler in diesem Unterrichtsvorschlag zusammenführen. Gleichzeitig bereiten sie sich durch diese Wiederholung auf die Klausuranforderungen vor.

Hinweise zur Durchführung

Für diesen Unterrichtsvorschlag ist 1 Unterrichtsstunde einzuplanen.

Die Schülerinnen und Schüler erhalten 2 Rezensionen mit der **Kopiervorlage 12**. Die Lehrperson teilt die Schülerinnen und Schüler in 4 Gruppen auf (pro Rezension 2 Gruppen), in den Gruppen wird jeweils 1 Rezension gelesen (Auftrag 1), und im Anschluss daran werden die Arbeitsaufträge (2–4) erfüllt. Die Rezensionen sollten doppelt verteilt sein, damit die Kontrollgruppe bei der Auswertung Ergänzungen und gegebenenfalls Korrekturen vornehmen kann.

Zu den Arbeitsaufträgen

Zu **Auftrag 2:** Zur Textsorte Rezension gehören formal: Name des/der Rezensierenden, Überschrift mit Angaben zu Verfasser/Verfasserin und Titel des rezensierten Textes sowie bibliografische Hinweise (Verfasser/Verfasserin, Titel, Untertitel, Gattung, Verlag, Erscheinungsort, Erscheinungsjahr und Preis der besprochenen Ausgabe). Zur Textsorte Rezension gehören die folgenden inhaltlichen Aspekte: eine kurze Inhaltsangabe, eine kurze Vorstellung der Hauptfiguren, der Themen, des Genres, zusätzlich Angaben zu Autor/Autorin und zum bisherigen Schaffen und eine eigenständige, durch Argumente gestützte, nicht polemische, sondern kritisch reflektierte Würdigung des Textes (siehe Angaben auf Kopiervorlage 12).

Zu **Auftrag 3:** Die Schülerinnen und Schüler sollen nach der Lektüre der Rezensionen die formalen und die inhaltlichen Aspekte, die an Rezensionen gestellt werden, noch einmal auf ihre Vollständigkeit hin überprüfen. Die Beispielrezensionen sind so gewählt, dass eine Bestätigung der Kriterien stattfinden kann. Dies ist nicht selbstverständlich, da auch für *Tschick* Rezensionen mit fehlerhaften Angaben existieren.

Modul 10 | *Bilder deiner großen Liebe:* Isa auf der Spur

Sachanalyse/didaktische Hinweise

In diesem Unterrichtsvorschlag erarbeiten die Schülerinnen und Schüler eine vertiefende Charakterisierung der Hauptfiguren Maik und Tschick. Sie erfolgt auf der Basis von zwei Kapiteln (Kapitel 29 und 30, S. 118–124) aus Wolfgang Herrndorfs nicht abgeschlossener Fortsetzung seines Jugendromans *Tschick*, die unter dem Titel *Bilder deiner großen Liebe* (2014) posthum veröffentlicht wurde. In diesem Fragment erzählt Isa aus ihrer Sicht die Begegnung mit den beiden jugendlichen Hauptfiguren Maik und Tschick, die durch die Schilderung des Ich-Erzählers Maik bereits aus *Tschick* bekannt ist (Kapitel 29–34, S. 148–177). Isas Bericht stimmt in der chronologischen Darstellung mit Maiks Erzählung überein, fällt aber wesentlich kürzer aus, setzt andere Akzente und füllt verschiedene Leerstellen: Zum einen ist zu erfahren, was Isa über Maik und Tschick denkt und was sie fühlt (Innensicht). Damit wird die Konzentration auf die männlichen Protagonisten aufgehoben, Maiks eingeschränkter Rückblick auf die Geschehnisse wird kontrastiert und um eine weitere personale Perspektive ergänzt. Zum anderen erhält der Leser/die Leserin neue Informationen zum Inhalt von Isas Holzkiste und zu den Gründen von Tschicks Reaktionen auf den Wortwechsel mit Isa.

In der 1. von 3 Unterrichtsstunden führen die Schülerinnen und Schüler eine Textanalyse durch, die eine Reflexion der Möglichkeiten und Grenzen einer Ich-Erzählung anregen soll. Dazu lesen die Schülerinnen und Schüler wiederholt die Kapitel in *Tschick*, in denen das gemeinsame Erleben von Maik, Tschick und Isa behandelt wird. Verbunden damit ist das Ziel festzuhalten, wie die männlichen Protagonisten Ida wahrnehmen und sich ihr gegenüber verhalten, um dadurch die Einschränkungen von Maik festzustellen und zu belegen. Von dieser Erkenntnis ausgehend wird in der 2. Stunde die durch *Tschick* vorgegebene Perspektive gewechselt und die Schülerinnen und Schüler verleihen Isa mit einer produktionsorientierten Aufgabe eine Stimme, indem sie einen Tagebucheintrag aus ihrer Sicht zu den Geschehnissen verfassen. Die Textsorte der Schreibaufgabe ist begründet durch *Bilder deiner großen Liebe*, Herrndorfs unvollendeten Roman, in dem Isa Stationen und Eindrücke in einem Tagebuch festhält (*Bilder deiner großen Liebe: S. 9, 17 f., 21, 23, 25, 29 f., 33, 51, 96, 102 f., 119*). In der 3. Stunde vergleichen die Schülerinnen und Schüler ihre Textproduktionen mit den Schilderungen Isas in *Bilder deiner großen Liebe*, die an dieser Stelle nicht als Musterlösung missverstanden werden sollen, sondern als eine Stimme (Isas) unter mehreren möglichen Entwürfen gedeutet werden können. Durch die Stundenplanung innerhalb des Moduls wird literarisches Lernen initiiert, die Schülerinnen und Schüler lernen einen Auszug aus einem neuen Roman kennen, der im unmittelbaren Zusammenhang mit *Tschick* steht. Erst im Zusammenspiel beider Texte wird das Bild der Ereignisse, der Figuren und ihrer Entwicklungen vervollständigt, gleichberechtigt tritt eine weibliche Figur an die Seite der männlichen Protagonisten.

Hinweise zur Durchführung

Für die Durchführung dieses Moduls werden 3 Unterrichtsstunden benötigt.

Material
evtl. CD-Player, CD (Hörbuch)

Im Einstieg der 1. Stunde stellt die Lehrperson die folgende Leitfrage: „Was wissen wir von Isa?" Damit findet eine Problemorientierung statt, durch die eine inhaltliche Strukturierung garantiert wird. Danach erarbeiten die Schülerinnen und Schüler mithilfe von **Kopiervorlage 13** auf der Basis genauer Textarbeit, wie Maik und Tschick Isa wahrnehmen und mit ihr umgehen (vgl. Modul 5). Die Aussagen Maiks und Tschicks zu Isa sollen in einer Partnerarbeit zusammengetragen werden. Die Kapitel werden den Kleingruppen zugewiesen (Gruppe 1: Kapitel 29, *S. 148–155*; Gruppe 2: Kapitel 30–31, *S. 156–163*; Gruppe 3: Kapitel 32, *S. 164–168*; Gruppe 4: Kapitel 33–34, *S. 169–177*) und vierfach vergeben: Zwei Kleingruppen (Kontrollgruppe vorsehen) tragen die Handlungs- und Sichtweisen von Maik zusammen, die anderen beiden Gruppen (Kontrollgruppe vorsehen) tragen diejenigen von Tschick zusammen (Aufträge 1 und 2). Die Möglichkeit zur Differenzierung nach Lesetempo ermöglicht der kürzeste Romanauszug (Gruppe 3). Die Sicherung der Erarbeitungsphase sollte in einem durch die Lehrperson gelenkten Unterrichtsgespräch erfolgen. Im Transfer wird die Einstiegsfrage wieder aufgegriffen, indem die Schülerinnen und Schüler nun beurteilen, wie Maik und Tschick Isa einschätzen (Auftrag 3). Daran schließt sich eine Diskussion an, in der die Schülerinnen und Schüler über die Grenzen der Ich-Erzählung von Maik für das Bild, das von Isa entsteht (Auftrag 4), sprechen (vgl. Modul 6.1).

In der 2. Stunde informiert die Lehrperson die Schülerinnen und Schüler über den Roman *Bilder deiner großen Liebe* und erläutert den Zusammenhang zwischen diesem Roman und *Tschick*. Deutlich wird in dem posthum erschienenen Text, dass unter den wenigen Gegenständen, die Isa auf ihrer Reise mit sich führt, ihr Tagebuch zu den wichtigsten zählt und dass sie immer wieder ihre Reise dokumentiert und reflektiert. Dadurch begründet sich der Schreibanlass in dieser Stunde: Die Schülerinnen und Schüler erhalten **Kopiervorlage 14** und verfassen einen Tagebucheintrag, in dem Isa auf ihre Begegnung mit Maik und Tschick zurückblickt. Die Auswertung der Textproduktion sollte in einer Schreibkonferenz erfolgen, in der die Schülerinnen und Schüler ihre Texte in Hinblick auf die Kriterien Form, Sprache und Inhalt überarbeiten (vgl. Modul 6.2 und Kopiervorlage 9).[10]

In der 3. Stunde werden im Einstieg ausgewählte eigene Textproduktionen im Plenum vorgelesen. Daran schließt sich die Begegnung mit dem Auszug aus dem nachgelassenen Text an, der eine Neubewertung sowohl Isas als auch der beiden männlichen Protagonisten erlaubt (*Bilder deiner großen Liebe:* Kapitel 29 und 30, S. 118–124; gekürzte Fassung auf **Kopiervorlage 15**). Empfehlenswert ist die Textbegegnung mit dem **Hörbuch**[11] (CD III, Track 9, 6:57 Min. und Track 10, 2:36 Min.), da hier die Schauspielerin Natalia Belitski mit ihrer Stimme Isa lebendig werden lässt. Die Schülerinnen und Schüler erarbeiten während des Hörens und Lesens arbeitsteilig in Gruppen, inwiefern Isa in ihren Schilderungen von Maiks Darstellung abweicht (Auftrag 1). Die Sicherung erfolgt in einem gelenkten Unterrichtsgespräch. In der sich anschließenden Phase erörtern die Schülerinnen und Schüler begründet die Frage, worin der Gewinn einer zusätzlichen Version des Zusammentreffens und des gemeinsamen Erlebens der drei Jugendlichen liegt (Auftrag 2).

Zu den Arbeitsaufträgen

Auf **Kopiervorlage 13** können bei **Auftrag 2** folgende Lösungen erwartet werden:

Wie Maik und Tschick Isa wahrnehmen

Maiks Wahrnehmung: gleichaltriges Mädchen; verdreckt *(S. 149, 150, 151)*; äußerlich verwahrlost *(S. 150)*; mit rätselhafter Holzkiste *(S. 150, 155)*; kann laufen *(S. 155)*; ein bisschen unheimlich *(S. 155)* **(Gruppe 1)**. Stinkt entsetzlich, redet pausenlos *(S. 156)*; wahnsinnig schöner Gesang *(S. 157, 158)*; glaubt, dass es Isa egal ist, ob er und Tschick entdeckt werden *(S. 162)* **(Gruppe 2)**. Isa stinkt, sie quasselt unaufhörlich, sie ist aufgeregt *(S. 164)*; Isa ist nicht doof *(S. 165)*; Isa kann schwimmen *(S. 166)*; Isa schimpft aus Spaß, ist schamfrei, hat eine tolle Figur *(S. 167)* **(Gruppe 3)**. Isa kann laufen und werfen, sie wehrt sich *(S. 170)*, findet Isa „toll und immer toller" *(S. 172)* **(Gruppe 4)**.

Maiks Verhalten: vermeidet zunächst die Kontaktaufnahme mit Isa *(S. 150)*, spricht dann mit ihr *(S. 152)*; vermeidet Beschimpfungen und Beleidigungen *(S. 154)* **(Gruppe 1)**. Will Isa loswerden *(S. 157)* **(Gruppe 2)**. Hat keine Lust, Isa mitzunehmen, kann ihr schwer einen Wunsch abschlagen *(S. 164)*; zeigt Interesse an Isas Erzählungen *(S. 165)*; wirft Isa ins Wasser *(S. 166)*; teilt Kleidung und Nahrung mit Isa und versucht, mehr über Isa und ihre Herkunft zu erfahren *(S. 168)* **(Gruppe 3)**. Schneidet Isa die Haare *(S. 169, 170)*; macht Isa Komplimente zu ihrem Aussehen *(S. 170)*; wartet gemeinsam mit Isa auf Tschick *(S. 170f.)*; genießt das Zusammensein mit Isa, ist von Isas Direktheit überfordert *(S. 171)*; unterhält sich mit Isa über Fragen des Lebens *(S. 174)*; will Blutsbrüderschaft mit Tschick und Isa schließen, leiht Isa Geld, wird von Isa umarmt und geküsst *(S. 176)* **(Gruppe 4)**.

Tschicks Wahrnehmung: hält Isa für durchgedreht *(S. 155)* **(Gruppe 1)**. Findet ihren Gesang schlecht *(S. 157)*, lobt Isas tolle Figur *(S. 159)* **(Gruppe 2)**.

Tschicks Verhalten: Beschimpfungen und Beleidigungen *(S. 151, 152, 154)*; ignoriert Isa *(S. 153)* **(Gruppe 1)**. Zeigt und sagt, dass Isa stinkt *(S. 156, 158, 159)*; lobt auf ironische Weise Isas Beobachtungsgabe *(S. 157)*; will Isa los-

---

10 Vgl. zu verschiedenen Möglichkeiten der Überarbeitung von Textproduktionen: Angelika Steets: Schreiben. In: *Deutsch. Methodik. Handbuch für die Sekundarstufe I und II*, hrsg. von Gisela Beste, Berlin 2007. S. 53–96, hier: S. 69–74.

11 Wolfgang Herrndorf: *Bilder deiner großen Liebe. Ein unvollendeter Roman.* [Tonträger] Vollständige Lesung. Hrsg. von Marcus Gärtner und Kathrin Passig. Gelesen von Natalia Belitski. Regie: Vera Teichmann. Berlin: Argon 2014.

werden *(S. 157, 158)* **(Gruppe 2)**. Hat keine Lust, Isa mitzunehmen *(S. 164)*; lässt sich auf Isa ein, findet Isa ungepflegt *(S. 165)*; wirft Isa ins Wasser *(S. 166)*; versucht, mehr über Isa und ihre Herkunft zu erfahren *(S. 168)* **(Gruppe 3)**. Unterhält sich mit Isa über Fragen des Lebens *(S. 174)*; wird von Isa umarmt *(S. 176)* **(Gruppe 4)**.

Zu **Auftrag 3:** Die zu erarbeitenden Aspekte sind: Maik und Tschick nehmen Isa überwiegend reduziert auf äußere Aspekte wahr, weil Isa nichts von sich preisgibt („Aber wenn man zurückfragte, warum sie das alles wissen wollte, kam nie eine Antwort", S. 156; „aber weil sie uns sagen konnte, wo sie hinwollte", S. 164; „Wir versuchten an diesem Abend noch mehrfach rauszukriegen, wo sie denn eigentlich herkam und wo sie wirklich hinwollte, aber alles, was sie erzählte, waren wilde Geschichten. [...] Das Einzige, was sie verriet, war, dass sie Schmidt hieß. Isa Schmidt. Das war jedenfalls das Einzige, was wir ihr glaubten", S. 168).

Zu **Auftrag 4:** Die zu benennenden Aspekte: Der Rezipient ist auf die Aussagen, Beschreibungen und Beurteilungen Maiks angewiesen, dadurch ist die Deutung der Figur Isa an die Einschätzung Maiks gebunden und auf seine Perspektive beschränkt.

Zu **Auftrag 1** auf **Kopiervorlage 15:** Die zu erarbeitenden Aspekte beziehen sich auf die ungekürzte Textfassung im Roman bzw. Hörbuch.

Zusatzinformationen: Isa sucht Nahrung, denkt an ihren Vater, hat vermutlich eine Essstörung, findet eine Holzkiste *(S. 118)*; nutzt die Kiste als Behältnis für ihr Tagebuch und eine Waffe, findet Stiefel, ein klappernder Kanister weist Isa den Weg bei der Verfolgung *(S. 119)*; Maik und Tschick wollen wissen, warum Isa das Benzin absaugen kann *(S. 120)*; Maik und Tschick übernachten im Auto, Isa schläft hinter der Leitplanke an der Tankstelle, sie vermutet, dass die Jungen sie loswerden wollen, will unbedingt mitfahren, Isa vergleicht ihr Aussehen mit dem Tschicks, der Grund für die gegenseitigen Beschimpfungen wird erklärt: beide verstehen, was sie zu verheimlichen suchen (Isa: psychische Labilität, Ausreißerin; Tschick: Homosexualität), Isa glaubt, dass sich Maik in sie verliebt hat, Isa ist aus einem Heim weggelaufen *(S. 121)*; sie ist einer psychiatrischen Einrichtung entflohen, Geschichten aus ihrer Vergangenheit *(S. 122)*; Isa berichtet, was sie nachts macht, während Maik und Tschick schlafen *(S. 123 f.)*.

Fehlende Informationen: Isa gibt den Tipp zum Schlauchfund, Beschimpfungen, Grund für die Schlauchsuche, verschweigt ihren Hunger, ihr pausenloses Reden, ihr Geruch, ihr Gesang, der Wunsch, sich den Jungen anzuschließen *(S. 119)*; ihre Beschimpfungen, weil Maik und Tschick es nicht gelingt, Benzin abzusaugen *(S. 120)*; eine Halbschwester verbirgt sich hinter der Prager Adresse *(S. 121)*; die Fahrt auf den Berg, Maik und Tschick werfen Isa in den See, das Essen und die Unterhaltung am Abend auf dem Berg, die Frage zum Inhalt der Holzkiste und die Frage nach ihrem Namen *(S. 123)*; Haare schneiden, Isas Reaktion auf einen Spanner, Maiks Komplimente für Isas Aussehen, die Unterhaltung über Maiks sexuelle Erfahrungen, Isas körperliche Annäherung an Maik, Gespräch über die Lebens- und Sinnfragen der Adoleszenten auf dem Berg, der Abschied und die Infragestellung des Wiedersehens *(S. 124)*.

Zu **Auftrag 2:** Die Schülerinnen und Schüler erörtern, dass 2 Personen, die objektiv dasselbe erlebt haben, subjektiv darüber anders berichten. Ihnen wird deutlich, dass ein Grund dafür die selektive Wahrnehmung ist, dass ein anderer Grund in den unterschiedlichen Versprachlichungen der Ereignisse liegt, Prioritäten werden anders gesetzt. In einem weiteren Schritt lässt dies Rückschlüsse auf die jeweils erzählende Figur zu und dadurch eine genauere Charakterisierung der Figuren.

Modul 11 | Das Blog *Arbeit und Struktur*: Wie entstand der Jugendroman *Tschick*?

Sachanalyse/didaktische Hinweise

Kurz nach der Diagnose eines unheilbaren Gehirntumors beginnt Wolfgang Herrndorf 2010 damit, ein Web-Tagebuch zu führen. In den zunächst auf seinen Freundeskreis beschränkten, später als Blog unter dem Titel *Arbeit und Struktur* allgemein zugänglich gemachten Einträgen schildert der Autor bis zu seinem Tod im Jahr 2013 seinen vom Schreiben und Lesen bestimmten Alltag (Werkstattbericht), er dokumentiert den Entstehungsprozess seiner Texte, er beschreibt den Umgang mit seiner Krankheit und dem unaufhaltbaren körperlichen und sprachlichen Verfall, er äußert sich zur Bedeutung der Freundschaft, gibt genaue Beobachtungen von seiner Umwelt aphoristisch wieder und hält autobiographische Details fest. Thematisiert wird „die Verteidigung der eigenen Souveränität und Handlungsfähigkeit", nachvollziehbar wird der „Entschluss, sich durch Arbeit zu strukturieren. Das Schreiben gab ihm [...] den nötigen Halt."[12]

Im Rahmen dieses Unterrichtsvorschlags bearbeiten die Schülerinnen und Schüler Auszüge aus dem Blog im Hinblick auf die Aspekte Entstehungsgeschichte, Schreibprozess, literarische/filmische Vorbilder, Rezeption. Damit gelingt eine Kontextualisierung des Jugendromans *Tschick* – seine Situierung in einem Umfeld. Dadurch entsteht ein Erklärungspotential, mit dessen Hilfe der Ausgangstext vertiefend gedeutet werden kann. Betrachtet wird der Roman nun im Werkzusammenhang; intertextuelle Referenzen erschließen sich, so dass die Schülerinnen und Schüler ihnen nachgehen können; der literaturgeschichtliche Zusammenhang wird erfahrbar, so dass *Tschick* als zeitgenössische Variante der Adoleszenzromane erkannt wird. Die Kontextualisierung ermöglicht darüber hinaus eine Neubewertung der in den einzelnen Modulen der Unterrichtsreihe bereits bearbeiteten Aspekte (Erzählperspektive, Anlage der Figuren, Genremerkmale). Hinzu kommen Informationen zum Autor Herrndorf, seinem Schreibprozess und seiner Wahrnehmung der Rezeption. Das führt zu einem Vergleich und einer Bestätigung bzw. Kontrastierung der eigenen Interpretationsleistung (vgl. Module 3, 5, 6.1). Angebahnt wird auf diese Weise wissenschaftspropädeutisches Arbeiten, weil das Blog als zeitgenössische Variante von Dokumenten zur Entstehungs- und Wirkungsgeschichte (Tagebuch, Arbeitsjournal, Briefe, Gespräche) behandelt und wie Sekundärliteratur genutzt wird.

Hinweise zur Durchführung

Material
Internetzugang, Magnete, Moderationskarten

Für die Durchführung dieses Moduls sind 2 Unterrichtsstunden einzuplanen, die unter folgender Leitfrage stehen: „Herrndorfs Blog als Dokument zur Entstehungs- und Wirkungsgeschichte – ein Gewinn?"

In der 1. Unterrichtsstunde werden die Schülerinnen und Schüler in das Stundenthema eingeführt, die Leitfrage wird an der Tafel fixiert und der Arbeitsprozess organisiert. Mit Hilfe der **Kopiervorlage 16** erläutert die Lehrperson, was zu tun ist (Aufträge 1–3) und nimmt eine Gruppeneinteilung vor. Drei Gruppen sind notwendig: Gruppe 1 bearbeitet die Aspekte Entstehungsgeschichte und literarische/filmische Vorbilder, Gruppe 2 bearbeitet den Aspekt Schreibprozess, Gruppe 3 den Aspekt Rezeption. Kontrollgruppen sind zu empfehlen. Die Arbeitsergebnisse werden auf Moderationskarten stichwort-

---

12 Jörg Magenau: Das durch die Dinge durchscheinende Nichts. In: *Cicero* (2014), Heft 1, S. 133.

artig festgehalten (Visualisierung). In der 2. Unterrichtsstunde präsentieren die Schülerinnen und Schüler ihre Ergebnisse und ergänzen einander (Kontrollgruppe). Vertiefend kommt die Lehrperson in einem gelenkten Unterrichtsgespräch auf die Leitfrage zurück und fordert die Schülerinnen und Schüler auf, ihre Antworten zu begründen. Während der Diskussion hält die Lehrperson die Ergebnisse stichwortartig an der Tafel fest.

Zu den Arbeitsaufträgen

Zu **Auftrag 3** können folgende Informationen zusammengestellt werden:

Thema	Informationen
Entstehungsgeschichte	*Zwei / 13.3.2010 (10:20)*: Entschluss zur Weiterarbeit am Jugendroman; *Sechs / 14.7.2010 (15:14)*: Manuskriptabgabe, Fertigstellung von Cover und Klappe; *Acht / 11.9.2010 (11:32)*: erstes gedrucktes Exemplar von *Tschick* liegt vor; *Rückblende, Teil 3: Ein Telefonat*: erste Idee zu *Tschick* durch Lektüre alter Jugendbücher 2004; *Dreiunddreißig / 24.10.2012 (10:15)*: Recherche im Frühjahr 2010.
Schreibprozess	*Drei / 24.3.2010 (16:39)*: Reflexion des Erzählers (Maik) über den Tod; *Drei / 28.3.2010 (21:44)*: Prozess der Überarbeitung, Entwurf neuer Kapitel; *Vier / 25.4.2010 (8:52)*: Probleme bei der Kohärenz der Handlungsführung und Figurenentwicklung; *Vier / 28.4.2010 (20:47)*: Genre Road-Novel und Identitätsstiftung durch Musik; *Vier / 17.5.2010 (13:07)*: Überarbeitung mit dem Ziel, die Geschwindigkeit zu erhöhen; *Vier / 29.5.2010 (22:32)*: Erschöpfung durch rastloses Schreiben; *Fünf / 1.6.2010 (11:53)*: Schnelle Textproduktion; *Fünf / 14.6.2010 (14:30)*: Überarbeitung und hastige Fertigstellung mit Blick auf frühesten Veröffentlichungstermin; *Sechs / 29.6.2010 (20:00), 3.7.2010 (23:00), 4.7.2010 (19:00)*: Korrekturen des Lektors und Autorkorrekturen; *Sechs / 19.7.2010 (11:33)*: Fahnenkorrektur; *Sechs / 27.7.2010 (20:38)*: letzte mündliche Korrekturen; *Sieben / 5.8.2010 (17:30)*: zweiter Umbruch mit Fehlerstellen; *Acht / 11.9.2010 (11:32)*: Korrekturen; *Neun / 13.10.2010 (15:40)*: telefonische Korrekturen für die 2. Auflage; *Dreiunddreißig / 24.10.2012 (10:15)*: Recherche im Frühjahr 2010.
literarische/filmische Vorbilder	*Vier / 28.4.2010 (20:47)*: Motto des Romans aus dem Lieblingsfilm von Herrndorf (Intertextualität); *Vier / 10.5.2010 (18:20)*: Referenzgröße *Huckleberry Finn*; *Rückblende, Teil 3: Ein Telefonat*: Lieblingsbücher als Vorbild: *Pik reist nach Amerika, Arthur Gordon Pym, Herr der Fliegen, Der Seeteufel, Huckleberry Finn*.
Rezeption	*Neun / 8.10.2010 (16:07)*: verzögerte Rezeption von *Tschick*, keine Aufmerksamkeit in der Presse; *Neun / 13.10.2010 (15:40)*: 1. Rezension ohne Hinweis auf J.D. Salinger (Autor von *Der Fänger im Roggen*); *Zehn / 7.11.2010 (15:05), 24.11.2010 (8:07)*: Verkaufserfolg; *Zehn / 6.12.2010 (20:22)*: inhaltlicher Fehler; *Zwölf / 15.1.2011 (17:36)*: Verhandlung über den Verkauf der Filmrechte; *Sechzehn / 18.6.2011 (20:11)*: 1. Reaktion aus der Schule erreicht den Autor; *Zwanzig / 12.10.2011 (14:44)*: Welterfolg; *Zwanzig / 19.10.2011 (11:00)*: Auszeichnung mit dem Jugendliteraturpreis; *Dreiunddreißig / 22.10.2012 (8:31)*: Rezeptionszeugnisse von Schülern; *Einundvierzig / 17.7.2013 (18:11)*: Welterfolg.

Zur **Leitfrage,** ob Herrndorfs Blog als Dokument zur Entstehungs- und Wirkungsgeschichte einen Gewinn darstellt, sind unter anderem folgende Antworten möglich: Aus den Informationen zur *Entstehungsgeschichte* können die Schülerinnen und Schüler entnehmen, was Herrndorf die Idee zu *Tschick* gab und was zur Fortsetzung des Romans führte. Sie erkennen die Umstände (Krebsdiagnose, Arbeit als Lebensstruktur) der Entstehung eines literarischen Textes. Aus den Informationen zum *Schreibprozess*

können sie entnehmen, dass literarische Texte nicht zwingend linear entstehen und nach verschiedenen Korrekturvorgängen durch mehrere Personen überarbeitet werden.
Aus den Informationen zu den *literarischen und filmischen Vorbildern* können sie entnehmen, dass Herrndorf auf eigene Rezeptionserfahrungen zurückgreift, seine Texte im Dialog mit anderen Texten entwickelt und sich in eine literarische Tradition einschreibt.
Aus den Informationen zur *Rezeption* können sie entnehmen, dass Autoren vom Literaturbetrieb (Rezensionen können für Aufmerksamkeit sorgen) und Markt (Verkaufszahlen) abhängig sind. Die Schülerinnen und Schüler lernen durch dieses Arrangement von Texten exemplarisch den Literaturbetrieb in verschiedenen Facetten kennen.

Klausurvorschläge

Klausurvorschlag I: Analyse und Interpretation

Klausuraufgabe: Charakterisierung

Charakterisiere die Figur Andrej Tschichatschow aus Wolfgang Herrndorfs Roman Tschick. *Nutze dazu die drei ausgewählten Textstellen.*

Und vielleicht ist es nicht wichtig zu erwähnen, was ich dachte in diesem Moment, als ich Tschick zum ersten Mal sah, aber ich will es trotzdem mal dazusagen. Ich hatte nämlich einen extrem unguten Eindruck, wie der da neben Wagenbach auftauchte. Zwei Arschlöcher auf einem Haufen, dachte ich, obwohl ich ihn ja gar nicht kannte und nicht wusste, ob er ein Arschloch war. Er war ein Russe, wie sich dann rausstellte. Er war so mittelgroß, trug ein schmuddeliges weißes Hemd, an dem ein Knopf fehlte, 10-Euro-Jeans von KiK und braune, unförmige Schuhe, die aussahen wie tote Ratten. Außerdem hatte er extrem hohe Wangenknochen und statt Augen Schlitze. Diese Schlitze waren das Erste, was einem auffiel. Sah aus wie ein Mongole, und man wusste nie, wo er damit hinguckte. Den Mund hatte er auf einer Seite leicht geöffnet, es sah aus, als würde in dieser Öffnung eine unsichtbare Zigarette stecken. Seine Unterarme waren kräftig, auf dem einen hatte er eine große Narbe. Die Beine relativ dünn, der Schädel kantig.

(S. 42)

„Im Ernst, du musst was machen. Wenn du nichts machst, wirst du verrückt. Lass uns da vorbeifahren. Ist doch wurscht, ob du denkst, es ist peinlich. In einem geklauten Lada ist eh nichts mehr peinlich. Zieh deine geile Jacke an, nimm deine Zeichnung und schwing deinen Arsch ins Auto."
„Never." […]
„Und warum nicht?"
„Ich bin nicht eingeladen."
„Du bist nicht eingeladen! Na und? Ich bin auch nicht eingeladen. Und weißt du, warum? Logisch, der Russenarsch ist nicht eingeladen. Aber weißt du, warum *du* nicht eingeladen bist? Siehst du – du weißt es nicht mal. Aber ich weiß es. […] Es gibt überhaupt keinen Grund, dich einzuladen. Du fällst nicht auf. Du musst auffallen, Mann. […] Sobald es dämmert, fahren wir nach Werder."
„Never."
„Wir gehen nicht auf die Party. Wir fahren nur vorbei."

(S. 89 f.)

„[…] soll ich dir auch noch ein Geheimnis verraten?", fragte Tschick und schluckte und sah aus, als hätte man ihm eine Bleikugel im Hals versenkt, und dann kam fünf Minuten nichts, und er meinte, dass er es beurteilen könnte, weil es ihn nicht interessieren würde. Mädchen. Dann wieder lange nichts und dann: Das hätte er noch niemandem gesagt, und jetzt hätte er es mir gesagt, und ich müsste mir keine Gedanken machen. Von mir wollte er ja nix, er wüsste ja, dass ich in Mädchen und so weiter, aber er wäre nun mal nicht so und er könnte auch nichts dafür.

(S. 213 f.)

Eine Figurencharakterisierung von Tschick sollte die folgenden Aspekte berücksichtigen:

Andrej Tschichatschow („Tschick")

Zum äußeren Erscheinungsbild: Tschick ist 14 Jahre alt, kann aber mit simplen Mitteln den überzeugenden Eindruck vermitteln, älter zu sein *(S. 106 f.)*. Sein Aussehen ist osteuropäisch geprägt: „Außerdem hatte er extrem hohe Wangenknochen und statt Augen Schlitze. Diese Schlitze waren das Erste, was einem auffiel. Sah aus wie ein Mongole" *(S. 42)*. Er ist einfach gekleidet, was in der Schulklasse negativ auffällt, außerdem wirkt er ungepflegt: „Er [...] trug ein schmuddeliges weißes Hemd, an dem ein Knopf fehlte, 10-Euro-Jeans von KiK und braune, unförmige Schuhe, die aussahen wie tote Ratten." *(S. 42, 48)* In Maiks Augen ist Tschick im Gegensatz zu ihm selbst „ein Assi" *(S. 41)*, deswegen bewundert Tschick auch Maiks Lieblingsjacke *(S. 61 f.)*, die er gern selbst tragen würde. Stattdessen bekommt er von Maik einen Teil seiner übrigen Kleidung geschenkt *(S. 92)*. Tschicks äußeres Verhalten ist sehr auffällig, weil er sich von Lehrerinnen und Lehrern nicht beeindrucken oder einschüchtern lässt und sich seinen Mitschülerinnen und Mitschülern nicht anpasst. Er lässt sich nicht in die Klassengemeinschaft integrieren, sondern wählt selbst die Rolle eines Außenseiters, der regelmäßig durch seine Alkoholfahne auffällt *(S. 47)*. Gerüchten über Verbindungen zur Russenmafia begegnet Tschick offensiv, so schafft er es auch, sich gegen die verbalen Attacken wesentlich älterer Schüler zu wehren *(S. 48 f., 77)*.

Zur inneren Einstellung: Tschick geht als erster auf Maik zu, er sucht den Kontakt, am Tag der Zeugnisausgabe spricht er ihn auf seine Jacke an *(S. 61–63)* und besucht ihn später zu Hause *(S. 75–78)*. Er überredet Maik dazu, zu Tatjanas Geburtstagsparty zu fahren *(S. 89 f.)*, weil er als Erster erkennt, dass Maik in seine Mitschülerin verliebt ist *(S. 87)*. Einiges deutet darauf hin, dass Tschick selbst in Maik verliebt ist *(S. 84–87)*, jedenfalls reagiert er ausgesprochen eifersüchtig auf Isa *(S. 151–159)*, erkennt aber auch den richtigen Moment, um die beiden allein zu lassen *(S. 169, 172)*. Während der Reise zieht er Maik ins Vertrauen und erzählt ihm von seiner Homosexualität *(S. 213 f.)*. Entgegen den Erwartungen von Maiks Vater steht auch Tschick zu seiner Verantwortung und wälzt in der Gerichtsverhandlung die Schuld an den gemeinsam begangenen Taten nicht auf Maik ab *(S. 235)*.

Zu den Lebensumständen: Tschick ist 4 Jahre zuvor allein mit seinem älteren Bruder aus Rostow in Russland, wo ein Teil seiner Familie lebt *(S. 98)*, nach Deutschland gekommen *(S. 45, 98)*. Zwar kommt er aus einer deutschstämmigen Familie, er lernt die deutsche Sprache aber erst in Deutschland. Ehe er in Maiks Schule, das Berliner Hagecius-Gymnasium, kommt, durchläuft er das Schulsystem von der Förderschule angefangen *(S. 45)*. Die Anregung zur Reise in die Walachei, wo Tschicks Großvater mit weiteren Verwandten lebt, geht von Tschick aus *(S. 95–97)*.

Klausurvorschlag II: Produktionsorientierte Aufgabe

Klausuraufgabe: Rezension

Verfasse eine Rezension zum Roman Tschick *von Wolfgang Herrndorf.*

Beurteilungsbogen für die Textanalyse

Name: _____

Erwartete Leistung	in vollem Umfang erbracht	im Wesentlichen erbracht	in Ansätzen erbracht	nicht erbracht
Inhalt: Charakterisierung				
Die Charakterisierung Tschicks wird in ihren Einzelaspekten ausführlich entfaltet. Dabei wird die Figur komplex und differenziert erschlossen.	☐	☐	☐	☐
Die Beschreibung der Entwicklung Tschicks erfolgt angemessen und ihre Bedeutung für das Geschehen ist schlüssig ausgeführt und wird überzeugend gedeutet.	☐	☐	☐	☐
Die Deutung erfolgt aufgrund funktional gewählter Kontexte aus dem gesamten Roman.	☐	☐	☐	☐
Die Ausführungen sind überzeugend anhand verschiedener Textbeispiele belegt.	☐	☐	☐	☐
Inhalt: Rezension				
Die Rezension umreißt die Themen des Romans kurz.	☐	☐	☐	☐
Der Aufbau des Romans wird nachvollziehbar dargestellt.	☐	☐	☐	☐
Der Aufbau des Romans und die Umsetzung der Themen werden angemessen erläutert.	☐	☐	☐	☐
Die eigene Kritik wird überzeugend dargelegt.	☐	☐	☐	☐
Textgestaltung und Textpräsentation				
Die Einleitung führt nachvollziehbar zum Thema hin und deutet den Gang der Textproduktion an. Es erfolgt eine Überleitung zum Hauptteil.	☐	☐	☐	☐
Im Hauptteil werden die Argumente logisch geordnet aufgeführt.	☐	☐	☐	☐
Der Schluss führt nachvollziehbar aus der Textproduktion heraus. Es ist ein bündiger, zusammenfassender, klärender Abschluss (Fazit, These, Ausblick).	☐	☐	☐	☐
Die Zitierweise erfolgt korrekt, die Zitate sind syntaktisch und sinnlogisch in den eigenen Text eingebunden.	☐	☐	☐	☐
Sprachliche Darstellungsleistung: Die Gedankengänge werden mit sprachlicher Klarheit entwickelt, es besteht Klarheit im Ausdruck, die Lexik ist vielfältig und der Satzbau komplex.	☐	☐	☐	☐
Sprachliche Korrektheit: Es besteht ein sicherer Umgang mit den Regeln der deutschen Sprache auch bei komplexen Strukturen und vielfältiger Lexik.	☐	☐	☐	☐

Insgesamt ergibt sich daraus die Note: _____

Tschick lesen: Das Lesetagebuch

Führe ein Lesetagebuch, während du *Tschick* liest. Dieses Lesetagebuch soll dir bei der gesamten Arbeit mit dem Roman helfen und daher alle wichtigen Angaben zu den einzelnen Buchkapiteln enthalten: das im Kapitel beschriebene Geschehen, die Figuren und Orte, die eine Rolle spielen. Das Lesetagebuch kann in ein Extraheft oder auf Karteikarten geschrieben werden.

Hier sind Lesetagebucheinträge zu einigen Kapiteln als Beispiele gegeben. (Maik selbst muss bei den Figuren nicht immer mitangegeben werden, da er in jedem Kapitel auftaucht.)

Kapitel 1 (S. 7–11)

Inhalt: Die Handlung setzt unvermittelt ein: Der Ich-Erzähler Maik Klingenberg ist aufgeregt und kann sich nach einer Verletzung kaum auf die Befragung durch zwei Polizisten konzentrieren. Gedanken gehen Maik ungesteuert durch den Kopf, Erinnerungen blitzen bruchstückhaft auf, schließlich wird er ohnmächtig.

Figuren: 2 Polizisten

Orte: Station der Autobahnpolizei

Kapitel 2 (S. 12–14)

Inhalt: Erschöpft liegt Maik im Krankenhaus. Weil er durch Medikamente ruhiggestellt ist, nimmt er seine Umgebung wie durch einen Schleier wahr.

Figuren: verschiedene Ärzte, Krankenschwester

Orte: Krankenhaus

Kapitel 5 (S. 21–23)

Inhalt: Maik stellt sich vor: Nach dem Schulwechsel auf das Gymnasium hat er seinen langjährigen Freund Paul verloren, ohne gleich neue Freunde zu finden. In der 7. Klasse verliebt er sich in seine Mitschülerin Tatjana.

Figuren: Paul, Tatjana Cosic

Orte: Schule

Kapitel 9 (S. 41–49)

Inhalt: In der ersten Stunde nach den Osterferien stellt der Geschichtslehrer Wagenbach Maiks Klasse einen neuen Mitschüler vor: Andrej Tschichatschow, genannt Tschick, der erst 4 Jahre zuvor mit seinem Bruder aus Russland nach Deutschland gekommen ist. Keiner in der Klasse kann ihn leiden, sein Aussehen, seine Herkunft und Kleidung machen ihn genau wie sein Verhalten zum Außenseiter. Weil er alkoholisiert zum Unterricht kommt, keinen Kontakt zu seinen Mitschülern sucht und sich Lehrern gegenüber wenig kooperativ zeigt, erscheint Tschick aber auch geheimnisvoll. Es gibt Gerüchte über Mafia-Verstrickungen seiner Familie.

Figuren: Wagenbach, Tschick, Tatjana, Natalie, Kevin, Gruppe Oberstufenschüler

Orte: Schule: Klassenzimmer, Parkplatz

1.2

Kapitel 13 (S. 64–73)

Inhalt: Maik leidet am Tag der Zeugnisausgabe an Liebeskummer. Er zieht sich zurück und erinnert sich an die verlustreichen Immobiliengeschäfte und Aktienspekulationen seines Vaters. Dass er Tatjana in den Sommerferien nicht sehen wird, macht ihn traurig. Als seine Mutter zu einem 4-wöchigen Alkoholentzug in eine Klinik und sein Vater mit seiner Assistentin Mona zum Urlaub aufbrechen, bleibt Maik mit der Aussicht, 2 Wochen auf sich gestellt zu sein, allein zu Hause zurück.

Figuren: Vater, Hausmeister, Taxifahrer, Mutter, Mona

Orte: Maiks Elternhaus in Berlin-Marzahn, Schulweg, Spielplatz

Kapitel 19 (S. 101–103)

Inhalt: Maik und Tschick bereiten sich auf ihre Reise vor: Zuerst stehlen sie den Lada, dann packen sie ihre Ausrüstung (Nahrung, Schlaf- und Sportsachen, Geld) zusammen.

Figuren: Tschick

Orte: Maiks Elternhaus

Kapitel 20 (S. 104–109)

Inhalt: Bei Tagesanbruch fahren Maik und Tschick auf Nebenstrecken in Richtung Süden aus Berlin, ohne einen Plan oder einen Kompass als Orientierungshilfen dabeizuhaben. Die Aufmerksamkeit eines überholenden Fahrers auf der Autobahn veranlasst sie zum Versuch, sich durch kleine Hilfsmittel ein älteres Aussehen zu geben.

Figuren: Tschick, Mercedes-Fahrer

Orte: Brandenburg

Kapitel 29 (S. 148–155)

Inhalt: Die Suche nach einem Kanister und einem Schlauch, die Maik und Tschick brauchen, um Benzin für ihr Auto stehlen zu können, führt sie auf eine Müllhalde. Dort hilft ihnen widerwillig ein Mädchen, das sich den beiden dann anschließt.

Figuren: Tschick, alter Mann, Mädchen, 2 Kinder

Orte: Autobahntankstelle, Müllkippe

Kapitel 37 (S. 189–192)

Inhalt: Auf der Flucht vor der Polizei überschlagen sich Maik und Tschick mit ihrem Auto. Sie befreien sich aus dem Unfallwagen, können aber nicht weglaufen, weil eine Frau hinzukommt und Tschick unbeabsichtigt mit einem Feuerlöscher schwer am Fuß verletzt.

Figuren: Tschick, Polizei, „Flusspferd"

Orte: Feld zwischen Autobahn und Tagebau

Das *Tschick*-Quiz: Fragen und Lösungen

Figuren

1. Welchen Namen benutzt Maik in der Notaufnahme für Tschick? — André Langin, S. 199
2. Welche Figur hat ein Suchtproblem? — (1) Mutter, S. 26, (2) Tschick, S. 46
3. Welcher Lehrer liest der Schulklasse den Briefwechsel zwischen Maik und Tatjana vor und stellt sich dadurch selbst bloß? — Der Geschichtslehrer Wagenbach, S. 241
4. Wie heißt Maiks Vater? — Josef, S. 227
5. Welchen Mitschüler treffen Maik und Tschick auf ihrer Reise? — Lutz Heckel, S. 116
6. Durch welche Figur wird offenkundig, dass Maiks Eltern sich in einer Ehekrise befinden? — Mona, die Assistentin des Vaters, S. 69–72, 250
7. Wie heißt die große Liebe des alten Mannes (Horst Fricke, S. 187), den Maik und Tschick in einem verlassenen Dorf antreffen und der zunächst auf beide schießt? — Else, S. 185
8. Wie heißt die von Maik angerufene „Tante Mona" mit richtigem Namen? — Herr Reiber, S. 206

Inhalt

1. Aus welcher Notsituation rettet die von Maik angerufene „Tante Mona" die beiden Freunde? — Entlassung aus dem Krankenhaus ohne Erziehungsberechtigte, S. 206–210
2. Bei wem essen Maik und Tschick ihr bestes Risi-Pisi? — Bei der Familie von Friedemann, S. 128–130
3. Was schenkt Maik Tatjana zum Geburtstag? — Eine Zeichnung der Sängerin Beyoncé, S. 59
4. Wie nimmt Isa Kontakt zu Maik auf, um ihn wiederzusehen? — Mit einem Brief, S. 250
5. Welche Strafe erhält Maik? — Die „Weisung, Arbeitsleistungen zu erbringen", S. 236
6. Von welchem Schriftsteller stammt die Geschichte vom Herrn K., die Tschick als Hausaufgabe interpretiert? — Von Bertolt Brecht, S. 54
7. Übernimmt Maik die Verantwortung für seine Taten? — Ja, denn er lässt sich nicht darauf ein, die Schuld auf Tschick abzuwälzen, wie es sein Vater fordert, S. 227–231, 235
8. Warum reagiert Tschick so abweisend auf Isa? — Weil er die Konkurrenz von Isa als Störung seiner engen Freundschaft mit Maik fürchtet, S. 151–154, 157–159, 213–214

Orte

1. Wo wohnt Maik? — In Berlin-Marzahn, S. 66
2. Woher kommen Tschick und sein Bruder ursprünglich? — Aus Rostow in Russland, S. 98
3. Was ist das Ziel von Maiks und Tschicks Reise? — Die Walachei, S. 97
4. Wo feiert Tatjana ihren Geburtstag? — In Werder bei Potsdam, S. 57
5. Durch welche Gegend fahren Maik und Tschick auf ihrer Reise? — Durch die Lausitz, S. 140 und 143 (Sorbisch), S. 179, 180, 182 und 189 (Braunkohletagebau)
6. Wo findet Maik die Nachricht von Tschick, durch die er erfährt, dass Tschick ihn bei Sonnenuntergang abholt? — In der Cola-Flasche in einer der Abfalltonnen, S. 141
7. Wohin zieht sich Maik zurück, wenn er Ruhe zum Nachdenken braucht? — In den Indianerturm auf dem Kinderspielplatz, S. 64
8. Welchen Ort hat Isa für ihr Wiedersehen mit Maik ausgewählt? — Den Platz unter der Weltzeituhr auf dem Alexanderplatz in Berlin, S. 250

Form und Struktur

1. Wie viele Tage sind Maik und Tschick unterwegs?
   Zehn Tage, S. 101 (1. Tag: Sonntag), 113 (2. Tag: Montag), 123 (3. Tag: Dienstag), 138–143 (4. Tag: Mittwoch), 144 (5. Tag: Donnerstag), 165/168 (6. Tag: Freitag), 169 (7. Tag: Samstag), 199 (8. Tag: Sonntag), 209/211 (9. Tag: Montag), 221 (10. Tag: Dienstag)

2. Aus welcher Perspektive wird der Roman erzählt?
   Der Protagonist Maik erzählt den Roman aus seiner Perspektive als Ich-Erzähler, S. 7

3. Wie viele Jahre vergehen zwischen dem Zeitpunkt, an dem Maik „Psycho" genannt wird und Tschick in die Klasse kommt?
   2 Jahre; in der 6. Klasse schreibt Maik einen Deutschaufsatz, der ihm den Spitznamen „Psycho" einträgt", S. 21, 24, 33. In der 8. Klasse kommt Tschick als neuer Schüler in die Klasse, S. 41

4. Durch welche Passagen wird die Erzählung von Maik häufig unterbrochen?
   Durch Dialoge

5. Welche Kapitel bilden im Roman eine Erzählklammer?
   Kapitel 4 und 45

6. Welchem Romantyp oder Genre rechnet ihr den Roman *Tschick* zu?
   Dem Genre Jugendroman/Abenteuerroman

7. Was wird von der Erzählklammer eingeschlossen?
   In den Kapiteln 5 bis 44 erzählt Maik rückblickend Episoden aus seinem Schulalltag, dann von seiner Reise mit Tschick (Retrospektive)

8. Welchem sozialen Milieu entstammt Maik?
   Der gehobenen Mittelschicht, S. 65–66

Sprache

Stehen die folgenden Aussagen so im Roman? Begründet eure Annahme und findet die Textstelle.

1. „Aber vollgeschifft und blutig auf der Station der Autobahnpolizei sitzen und Fragen nach den Eltern beantworten ist auch nicht gerade der ganz große Bringer." S. 7

2. „Weil, André ist nicht gerade die hellste Kerze im Leuchter, aber er ist auch nicht komplett hohl. Er kann ganz nett sein, und er hat was Lässiges, und er sieht, wie gesagt, ziemlich gut aus. Aber er ist trotzdem ein Arschloch." S. 33

3. „Alle saßen auf ihren Stühlen wie festgetackert, weil, wenn einer ein autoritäres Arschloch ist, dann Wagenbach. Wobei Arschloch jetzt eine Übertreibung ist, eigentlich ist Wagenbach ganz okay. Er macht okayen Unterricht und ist wenigstens nicht dumm, wie die meisten anderen, wie Wolkow zum Beispiel." S. 41

4. „So zusammengesunken, wie er dasaß mit seinen Schlitzaugen, da wusste man nie: Schläft der, ist der hacke, oder ist der einfach nur sehr lässig?" S. 47

5. „Du siehst aus wie'n Schwuler, dem sie über Nacht den Garten vollgekackt haben." S. 82

6. „Allein dass jetzt unsere Buchstaben neben all den anderen Buchstaben standen, die von Toten gemacht worden waren, zog mir am Ende doch irgendwie den Stecker." S. 175

7. „Ja, ja, du liebst sie. Und sie sieht ja wirklich superporno aus." S. 213

8. „Zack, krachte es in mein Gesicht, und ich fiel zu Boden. Alter Finne. Auf der Schule heißt es ja immer, Gewalt ist keine Lösung. Aber Lösung mein Arsch. Wenn man einmal so eine Handvoll in der Fresse hat, weiß man, dass das sehr wohl eine Lösung ist." S. 228

Eine Inhaltsangabe schreiben

In knapper Berichtsform sollen in der Inhaltsangabe wichtige Stationen der Handlung und Probleme oder Besonderheiten für Dritte wiedergegeben werden. Es soll ein Gesamtüberblick ohne persönliche Wertungen sein, die Leserinnen und Leser einer Inhaltsangabe sollten sich den ganzen Text vorstellen können.

Auf welche Leitfragen antwortet die Inhaltsangabe?
- Worum geht es im Roman?
- Welche wichtigen Stationen durchlaufen die Figuren? Welche Probleme treten auf? Was ist besonders an der Handlung?

Wie gehst du beim Schreiben einer Inhaltsangabe vor?
- Benenne das Thema des Romans, die Haupthandlung, Probleme und Besonderheiten.
- Unterscheide zwischen der Haupthandlung und den Nebenhandlungen.
- Ordne in verständlicher Abfolge, was du in die Inhaltsangabe aufnehmen möchtest. Verzichte auf Einzelheiten und auf Gedankensprünge.
- Du darfst nichts aus dem Text zitieren, deine Inhaltsangabe wird in eigenen Worten formuliert.

Hinweise zum Schreiben
- Schreibe in nüchterner, sachlicher und informierender Sprache.
- Benutze die Zeitform Präsens.
- Verzichte auf wörtliche Rede, gib die Figurenrede in indirekter Rede wieder.
- Die Inhaltszusammenfassung soll den Umfang einer DIN-A4-Seite nicht überschreiten.

Schreibe eine Inhaltsangabe zum Roman Tschick *von Wolfgang Herrndorf.*

Tschick – ein Genremix?

Ein Abenteuerroman ist ein auf Spannung ausgerichteter Roman, in dem ein zentraler Held sich auf eine Vielzahl unvorhersehbarer Ereignisse einlässt, die er letztlich erfolgreich übersteht.

Im Abenteuerroman entfernt sich ein nahezu ausnahmslos männlicher Held aus der gesicherten Ordnung einer vertrauten Umgebung, um in einem meist geografisch fernen Raum Abenteuer zu bestehen, deren Charakter für ihn selbst unabsehbar ist. Seine besonderen Eigenschaften ermöglichen es ihm, diese Abenteuer, die einander, oft ohne inneren Zusammenhang, in schneller Folge ablösen, zu bestehen. Je nach historischer Situierung stellen sich dem Helden dabei göttliche Kräfte, menschliche oder unmenschliche Unholde und sonstige Widrigkeiten etwa in Form von Naturgewalten in den Weg, die er zu überwinden hat – was ihm stets gelingt. Alle psychologischen oder sonstigen Probleme, die ihm im Zuge dessen begegnen, werden veräußerlicht und verbildlicht, ausgedrückt in Naturereignissen oder -beschreibungen.)

(Axel Dunker: Abenteuerroman, in: Dieter Lamping (Hrsg.): *Handbuch der literarischen Gattungen*. Alfred Kröner Verlag, Stuttgart 2009, S. 1)

Adoleszenzroman:

Im Zentrum der Darstellung stehen ein oder mehrere jugendliche Helden, wobei sich die Darstellung anders als im Entwicklungsroman auf die Jugendphase konzentriert. […] Im Unterschied zur sozialkritischen Problemliteratur geht es […] um eine ganzheitliche Darstellung: die Figuren sind weder Personifikation noch Typ, sondern Individuum, also einmalig und unwiederholbar; neben die Erfassung von Außenwelt tritt die Gestaltung von Innenwelt, von psychischen Prozessen. Entsprechend kommen Darstellungsweisen des modernen Romans zum Einsatz. […] Adoleszenzromane lassen sich an der Gestaltung ausgewählter Problembereiche bzw. Handlungsmuster erkennen, dazu gehören: a) die Ablösung von den Eltern; b) die Ausbildung eigener Wertvorstellungen (Ethik, Politik, Kultur usw.); c) das Erleben erster sexueller Kontakte; d) das Entwickeln eigener Sozialbeziehungen; e) das Hineinwachsen oder das Ablehnen einer eigenen sozialen Rolle […]. Dabei kennzeichnet den A. zumeist ein „offenes Ende", die Protagonisten bleiben auf der Suche, eine Identitätsfindung im Sinne eines festen Wesenskerns muss nicht erfolgen und auch nicht angestrebt sein.

(Carsten Gansel: Der Adoleszenzroman. Zwischen Moderne und Postmoderne, in: Günter Lange (Hrsg.): *Taschenbuch der Kinder- und Jugendliteratur*. Bd. 1: *Grundlagen, Gattungen*. Schneider-Verlag Hohengehren, Baltmannsweiler 2000, S. 370 f.)

Road-Novel:

Über alle Epochen- und Gattungsgrenzen hinweg ist das Reisen ein Thema der Weltliteratur: Erzählt wird von Vertreibung, Flucht und Heimkehr, von Abenteuer und Bewährung, von Kampf und Eroberung, aber auch von der Reise als Voraussetzung für Bildung. In Road-Novels wird das Motiv des Reisens aufgegriffen und in das Zentrum der Handlung gestellt, es beansprucht einen wesentlichen Teil der Erzählzeit für sich. Ohne benennbares örtliches Ziel bleibt die Reise in diesem Genre im Unterschied zur Reiseliteratur jedoch Selbstzweck, es geht um das Unterwegssein und die metaphorische Suche nach der eigenen Identität. Den Anlass dazu gibt meist ein ebenso gleichförmiger wie bedrückender Alltag, der keine Entwicklungschance bietet. Mit dem Aufbruch ist die Hoffnung auf Selbstbestimmung verbunden. Der Verstoß gegen etablierte Normen und der bisweilen fluchtartige Ausbruch aus einem Zwangssystem birgt für die oft gesellschaftlich benachteiligten Protagonisten das Versprechen der Freiheit.

Während der Reise kann es zu Schwierigkeiten kommen, wenn sich ungleiche Charaktere gemeinsam Herausforderungen stellen müssen oder wenn Spannungen untereinander auftreten. Die Gruppendynamik führt meist dazu, dass sich die zufällig Zusammengekommenen aneinander gewöhnen und ihre Gemeinschaft als positiv erleben. Krisen können Lernprozesse in Gang setzen, Solidarität stiften und Freundschaften entstehen lassen. Die Erzählstruktur von Road-Novels folgt gewöhnlich linear den Stationen der Reise. Die Form einer Parallelmontage erlaubt es, unterschiedliche Handlungsstränge so zu entwickeln, dass der Eindruck von Gleichzeitigkeit entsteht. Bevorzugt eingesetzt wird dies, wenn sich die Protagonisten auf der Flucht befinden und verfolgt werden. Abwechselnd stehen dann Fliehende und Verfolger im Zentrum der Aufmerksamkeit. Konstitutiv für das Genre sind außerdem die Straße als wichtigster Schauplatz und das motorisierte Fortbewegungsmittel: erzählt wird vom *moving on the road*. Auto, Straße und Landschaft werden dabei häufig zu den eigentlichen Hauptdarstellern. Genremixturen sind nicht ungewöhnlich: Road-Novels integrieren eine Kombination aus Abenteuerelementen, spannungserzeugenden Mitteln und komischen Effekten.

1. Lies die Definitionen der Genrebezeichnungen.

2. Suche aus den jeweiligen Definitionen die typischen Merkmale für einen Abenteuerroman, einen Adoleszenzroman und eine Road-Novel heraus und übertrage sie in die linke Spalte deiner Tabelle (Arbeitsblatt 4.3).

3. Belege anhand von Textstellen, welche Genre-Merkmale der Roman Tschick aufweist. Halte die Kapitelangaben in der rechten Spalte der Tabelle fest.

4. Vergleicht eure Ergebnisse.

5. Diskutiert abschließend, welchem Genre der Roman zugeordnet werden kann.

Merkmale des Genres	Passende Textstellen aus *Tschick*
Abenteuerroman:	
Adoleszenzroman:	
Road-Novel:	

Standbilder: Gefühle darstellen

Um Maiks Unsicherheit im Umgang mit anderen und sich selbst besser verstehen zu können, erschließt ihr anhand von 6 Textauszügen Maiks Lebenssituation und stellt seine Gefühle in Standbildern dar.

Gruppe 1: Maik – Tatjana

Textstelle 1:
Wie hypnotisiert stieg ich aus, und was dann passierte – frag mich nicht. Ich weiß es nicht mehr. Plötzlich stand ich mit der Zeichnung neben Tatjana, und ich glaube, sie guckte mich genauso irritiert an wie vorher Tschick. Aber ich hab's eigentlich nicht gesehen. Ich sagte: „Hier." Ich sagte: „Beyoncé." Ich sagte: „Eine Zeichnung." Ich sagte: „Für dich." Tatjana starrte die Zeichnung an. (S. 93)

Textstelle 2:
Ich wurde ein bisschen traurig, als ich den leeren Platz sah, und ich wurde noch trauriger, als ich zu Tatjana rüberguckte, die einen Bleistift im Mund hatte und ganz braun gebrannt war. Sie hörte Wagenbach zu, und es war ihr nicht anzusehen, ob sie jetzt stolze Besitzerin einer Bleistift-Beyoncé war oder ob sie die Zeichnung einfach zusammengeknüllt und in den Papierkorb geworfen hatte. Tatjana war so schön an diesem Morgen, dass es mir schwerfiel, nicht dauernd zu ihr rüberzugucken. Aber mit eisernem Willen schaffte ich es […]. (S. 237)

Gruppe 2: Maik – Isa

Textstelle 1:
Dieser Müllberg war ein Müllberg ohne Schläuche. Wir hockten ganz oben auf einer entkernten Waschmaschine, und die Sonne hing schon knapp über den Baumkronen. Das Rauschen der Autobahn war leiser geworden […]. Nur das dreckige Mädchen saß uns noch auf einem anderen Berg gegenüber. Ihre Beine hingen aus der offenen Tür einer alten Wohnzimmerschrankwand. Sie rief irgendwas in unsere Richtung. (S. 151)

Textstelle 2:
Ich fragte mich nämlich hauptsächlich, ob Isa das ernst gemeint hatte, und auch, ob ich das ernst gemeint hatte, als ich gesagt hatte, dass ich nicht mit ihr schlafen will, falls ich das überhaupt gesagt hatte. Aber tatsächlich wollte ich gar nicht mit ihr schlafen. Ich fand Isa zwar toll und immer toller, aber ich fand es eigentlich auch vollkommen ausreichend, in diesem Nebelmorgen mit ihr dazusitzen und ihre Hand auf meinem Knie zu haben, und es war wahnsinnig deprimierend, dass sie die Hand jetzt wieder weggenommen hatte. (S. 172)

Gruppe 3: Maik – Tschick

Textstelle 1:
Ich schaute in die Sterne mit ihrer unbegreiflichen Unendlichkeit, und ich war irgendwie erschrocken. Ich war gerührt und erschrocken gleichzeitig. Ich dachte über die Insekten nach, die jetzt fast sichtbar wurden auf ihrer kleinen, flimmernden Galaxie, und dann drehte ich mich zu Tschick, und er guckte mich an und guckte mir in die Augen und sagte, dass das alles ein Wahnsinn wäre, und das stimmte auch. Es war wirklich ein Wahnsinn. Und die Grillen zirpten die ganze Nacht. (S. 122)

Textstelle 2:
„Weil, soll ich dir auch noch ein Geheimnis verraten?", fragte Tschick und schluckte und sah aus, als hätte man ihm eine Bleikugel im Hals versenkt, und dann kam fünf Minuten nichts, und er meinte, dass er es beurteilen könnte, weil es ihn nicht interessieren würde. Mädchen. Dann wieder lange nichts und dann: Das hätte er noch niemandem gesagt, und jetzt hätte er es mir gesagt, und ich müsste mir keine Gedanken machen. Von mir wollte er ja nix, er wüsste ja, dass ich in Mädchen und so weiter, aber er wäre nun mal nicht so und er könnte auch nichts dafür. (S. 213 f.)

1. Vorüberlegungen zum Standbildbau: Überlegt euch, wie das Verhältnis der auftretenden Figuren zueinander ist und haltet dies schriftlich fest. Formuliert darüber hinaus weitere Eindrücke zu Gestik, Mimik, zu den Körperhaltungen und Gedanken der Figuren.

2. Wählt nun die Darsteller und einen Regisseur oder eine Regisseurin in eurer Gruppe. Der Regisseur/die Regisseurin gestaltet das Standbild.

3. Der Regisseur/die Regisseurin baut das Standbild gemäß den Vorüberlegungen Schritt für Schritt auf.

   Zur Inszenierung gehört es, dass der Regisseur/die Regisseurin

   - den Darstellerinnen und Darstellern ihre Rollen zuweist,
   - eventuell Requisiten miteinbezieht,
   - die Körperhaltung der Darstellerinnen und Darsteller anleitet,
   - die Position der Darstellerinnen und Darsteller zueinander festlegt,
   - Mimik und Gestik der Darstellerinnen und Darsteller überprüft.

   Die Körperhaltungen und die Beziehungen der Darstellerinnen und Darsteller zueinander verändert der Regisseur/die Regisseurin so lange, bis das Bild den Vorüberlegungen entspricht.

4. Präsentiert eure Standbilder vor einem Publikum. Achtet dabei darauf, dass

   - das Publikum die Figuren genau sehen kann,
   - jedes Standbild mindestens 1 Minute ohne Bewegung und Sprache bleibt.

5. Eine weitere Schülerin oder ein weiterer Schüler tritt als „Alter Ego" (als „anderes Ich") hinter die jeweils gestaltete Figur, legt die Hand auf deren Schulter und spricht in der „Ich-Form" das aus, was sie gerade ihrer/seiner Meinung nach denkt.

6. *Auswertung der Standbilder: Beschreibt die vom Standbild ausgehende Wirkung. Beurteilt, ob die Inszenierung zu der durch den Text gegebenen Situation passt, und begründet euren Standpunkt. Ihr könnt auch eure eigenen Standbilder mit den unten abgebildeten vergleichen.*

Standbilder *Maik – Isa* und *Maik – Tschick* einer Berliner Schulklasse

Maik: Über eine literarische Figur nachdenken

Du hast über die zentralen Figuren in *Tschick* nachgedacht und Material zu ihrer Charakterisierung gesammelt. Es gibt 3 Aufgaben: Zunächst beschäftigst du dich mit der literarischen Figur Maik in Form einer Charakterisierung. Dann setzt du dich mit den Gedanken und Gefühlen einer der zentralen Romanfiguren über Maik in einem inneren Monolog auseinander (gestaltendes Interpretieren); dafür entwickelst du eine eigene Schreibidee, die aber in Ton und Inhalt zum Ausgangstext passen muss. Zum Schluss denkst du über deine Gestaltungsidee nach.

1. *Charakterisiere die Figur Maik.*

Zur Charakterisierung gehören
- das äußere Erscheinungsbild (Alter, Aussehen, Kleidung und so weiter),
- das äußere Verhalten (Sprechweise, Mimik, Gestik),
- die innere Einstellung (Interessen, Absichten, Gedanken, Gefühle),
- die Lebensumstände (gesellschaftliches Umfeld, wirtschaftliche Lage, Status).

2. *Schreibe einen inneren Monolog aus der Sicht von Isa, Maiks Vater, Tatjana oder der Sprachtherapeutin/dem Flusspferd. Setze dich darin mit der Figur Maik auseinander.*

Innerer Monolog
Der innere Monolog ist wahrscheinlich die persönlichste Form, in der eine Figur ihr Denken und ihre Gefühle zeigt. Es gibt keine Adressaten wie im Tagebuch oder in Briefen. Es ist eine Art Gespräch, das die Figur mit sich selbst führt, und enthält die Gedanken und Gefühle, die ihr durch den Kopf gehen.
- Die Gedanken entwickeln sich aus dem Nachdenken und den Empfindungen, sind nicht geordnet oder gegliedert und können in Frageform geäußert werden.
- Die Gedanken und Gefühle werden so formuliert, wie sie einer Figur durch den Kopf gehen. Deshalb verwendet man die 1. Person Singular.
- Der Satzbau entspricht dem Nachdenken und Empfinden: einfache, kurze, aneinandergereihte Sätze (Parataxe). Die Sätze können auch unvollständig sein.
- Da es keinen Erzähler gibt, musst du vorausgehende Ereignisse im inneren Monolog als Rückerinnerungen wiedergeben. Dies kann unvollständig und nicht in zeitlich geordneter Reihenfolge geschehen. Typisch für den inneren Monolog ist das Hin- und Herüberlegen. Der Gedankengang sollte dabei jedoch nachvollziehbar sein: Beim Lesen sollte man wissen, was geschehen ist und wie es dazu gekommen ist.

3. *Denke über deine Gestaltungsidee nach. Erläutere Vorteile und Schwierigkeiten deiner Entscheidungen.*

Schreibkonferenz: Texte überarbeiten

Autor(in): _____ Korrektor(in) 1: _____ Korrektor(in) 2: _____

	in vollem Umfang erbracht	im Wesentlichen erbracht	in Ansätzen erbracht	nicht erbracht

Inhalt: Charakterisierung der Figur Maik
- Das äußere Erscheinungsbild (Alter, Aussehen, Kleidung usw.) wird überzeugend dargelegt.
- Das äußere Verhalten (Sprechweise, Mimik, Gestik) wird nachvollziehbar dargestellt.
- Die innere Einstellung (Interessen, Absichten, Gedanken, Gefühle) werden angemessen erläutert.
- Die Lebensumstände werden überzeugend dargelegt.

Inhalt: innerer Monolog
- Die Gedanken der gewählten Figur zu Maik sind überzeugend dargelegt.
- Die Gefühle der gewählten Figur gegenüber Maik sind nachvollziehbar dargestellt.
- Das Hin- und Herüberlegen (die Gedankenkette) wird für den Leser überzeugend dargelegt. Rückerinnerungen an vorausgehende Ereignisse werden angemessen erläutert.

Textgestaltung und Textpräsentation: Charakterisierung
- Sprachliche Darstellungsleistung: Die Gedankengänge sind klar entwickelt. Ausdruck, Wortwahl und Satzbau sind angemessen.
- Sprachliche Korrektheit: Der Umgang mit den Regeln der deutschen Sprache ist sicher.

Textgestaltung und Textpräsentation: innerer Monolog
- Der innere Monolog ist in der 1. Person Singular verfasst.
- Sprachliche Darstellungsleistung: Die Gedankengänge sind klar entwickelt. Ausdruck und Wortwahl sind angemessen.
- Der verwendete Satzbau entspricht dem Nachdenken einer Figur.
- Sprachliche Korrektheit: Der Umgang mit den Regeln der deutschen Sprache ist sicher.

1. Tauscht eure Texte mit der Charakterisierung Maiks und dem inneren Dialog untereinander aus.

2. Die zwei Texte sollen in zwei verschiedenen Korrekturgängen beurteilt werden. Nutzt dafür die obenstehenden Kriterien. Macht Korrektur- und Verbesserungsvorschläge, wo es euch nötig erscheint.

Der Erzähler in *Tschick*

1. Lies die Definition des Begriffs „Ich-Erzähler" aus dem Deutsch-Lexikon und definiere den Begriff kurz mit eigenen Worten.

> **Ich-Erzähler.** Fiktive Instanz in der erzählenden Literatur […] als mögliche Realisation der […] Erzählform. Man unterscheidet zwei Arten des Ich-Erzählers: Der Ich-Erzähler kann als erlebendes Ich die Geschichte selbst erzählen und gleichzeitig als Figur am Geschehen teilnehmen, er kann als […] erzählendes Ich außerhalb der Geschichte stehen (z. B. in einer […] Rahmenhandlung oder einem Vorspann) und das eigentliche Geschehen nur erzählen.
>
> (Dietrich Homberger: *Lexikon Deutschunterricht. Fachwissen für Studium und Schule.* Schneider Verlag Hohengehren, Baltmannsweiler 2009, S. 163)

2. Erläutere anhand des Zitats, um was für einen Erzähler es sich im Roman *Tschick* handelt und welche Besonderheiten bei diesem Roman vorliegen.

> Als Erstes ist da der Geruch von Blut und Kaffee. Die Kaffeemaschine steht drüben auf dem Tisch, und das Blut ist in meinen Schuhen. Um ehrlich zu sein, es ist nicht nur Blut. Als der Ältere „vierzehn" gesagt hat, hab ich mir in die Hose gepisst. Ich hab die ganze Zeit schräg auf dem Hocker gehangen und mich nicht gerührt. Mir war schwindlig. Ich hab versucht auszusehen, wie ich gedacht hab, dass Tschick wahrscheinlich aussieht, wenn einer „vierzehn" zu ihm sagt, und dann hab ich mir vor Angst in die Hose gepisst. Maik Klingenberg, der Held.
>
> (S. 7)

3. Arbeite die Besonderheiten der Erzählhaltung in den Romanauszügen (1) bis (3) heraus und erläutere, was diese für die Leserinnen und Leser bedeuten.

> **(1)** Immer noch besser als schreiend in der Ecke liegen.
> „Und du bist wirklich nicht sitzengeblieben?", fragte er irgendwann. „Ich meine, hast du denn jetzt reingeguckt? Das versteh ich nicht. Du hast Ferien, Mann, du fährst wahrscheinlich in Urlaub, du kannst auf diese Party, und du hast ein herrliches –"
> „Auf welche Party?"
> „Gehst du nicht zu Tatjana?"
> „Nee, kein Bock."
> „Im Ernst?"
> „Ich hab morgen schon was anderes vor", sagte ich und drückte hektisch auf dem Dreieck rum. „Außerdem bin ich nicht eingeladen."
> „Du bist nicht eingeladen? Ist ja krass. Ich dachte, ich bin der Einzige."
> „Ist doch eh langweilig", sagte ich […].
> (S. 77)

> **(2)** Wie hypnotisiert stieg ich aus, und was dann passierte – frag mich nicht. Ich weiß es nicht mehr. Plötzlich stand ich mit der Zeichnung neben Tatjana, und ich glaube, sie guckte mich genauso irritiert an wie vorher Tschick. Aber ich hab's eigentlich nicht gesehen.
> (S. 93)

> **(3)** Wobei mir einfällt, dass ich in einem Punkt dann doch gelogen hab. Und das war das mit der Sprachtherapeutin. Ich wollte nicht, dass die Sprachtherapeutin wegen uns Schwierigkeiten bekommt, weil sie so wahnsinnig nett gewesen war, und deshalb habe ich sie und ihren Feuerlöscher einfach nie erwähnt. Ich hab dem Richter nur erzählt, was ich auf der Polizei schon erzählt hatte […].
> (S. 234)

Einen Bericht schreiben

Ein Sachverhalt oder ein Geschehen werden in einem Bericht so sachlich, objektiv und informativ wie möglich dargestellt. Der Bericht ist kein Kommentar und hält sich strikt an die Fakten.

Hinweise zum Schreiben

- Erfasse und ordne alle für den Leser wichtigen Einzelheiten in genauer zeitlicher Abfolge. Fertige eine genaue Gliederung an.
- Was muss der Adressat des Berichts wissen, was ist Spekulation und welche Information kann als gesichert gelten?
- Schreibe in präziser Sprache. Verzichte auf Ausschmückungen und Bewertungen. Es ist wichtig, keine eigene Meinung zu vermitteln.
- Nutze die Zeitformen der Vergangenheit (Präteritum und Plusquamperfekt). Gib die Figurenrede ausschließlich in indirekter Rede wieder.

1. Schreibe einen Bericht über den Unfall von Maik und Tschick, den Herr Reiber am Tag nach dem Telefonat mit Maik in der Zeitung liest (S. 209).

2. Tauscht eure Berichte untereinander aus.

3. Der Bericht wird von zwei Korrektoren beurteilt. Nutzt dafür die Tipps zur Überarbeitung, macht Korrektur- und Verbesserungsvorschläge, wo es nötig ist.

Autor(in): _____ Korrektor(in) 1: _____ Korrektor(in) 2: _____

Inhalt:

Im Bericht wird klar,
- wann das Ereignis geschah,
- wo es geschah,
- wer beteiligt war,
- was geschah,
- wie es geschah,
- warum das Ereignis geschah.

	ja	nein
	☐ ☐	☐ ☐

Aufbau:

- Die Überschrift ist passend.
- Die Einleitung ist kurz.
- Die Einleitung enthält alle wichtigen Informationen.

Textgestaltung:

	immer	meist	nie

- Die Sprache ist sachlich.
- Die Satzanfänge sind abwechslungsreich.
- Die verwendeten Verben sind treffend.
- Die verwendeten Adjektive sind treffend.
- Der Bericht ist in der Vergangenheit geschrieben.
- Es wird ausschließlich die indirekte Rede verwendet.
- In der indirekten Rede wird der Konjunktiv verwendet.
- Die Rechtschreibregeln werden beachtet.
- Die Zeichensetzungsregeln werden beachtet.

Tschick auf die Bühne bringen

Schreibt eine Theaterszene auf der Grundlage von Kapitel 45 (S. 227–231) über das Gespräch zwischen Maik und seinen Eltern vor der Gerichtsverhandlung. Anschließend wird die Theaterszene aufgeführt.

1. Arbeitet den Romantext zu einer Bühnenszene um:
    - Überlegt euch, wie ihr die Passagen des Ich-Erzählers auf der Bühne umsetzen wollt.
    - Überlegt euch, welche Textstellen gestrichen, zusammengefasst und eventuell erzählend eingeschoben werden sollen.
    - Erarbeitet eine Textfassung für eure szenische Interpretation, die neben dem zu sprechenden Text auch Regieanweisungen zur Platzierung der Figuren auf der Bühne, zu den Bewegungsabläufen, zu den Requisiten und zur Sprechweise enthält.

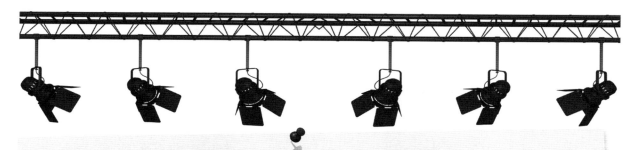

Der Regisseur/die Regisseurin leitet das szenische Spiel gemäß den Vorüberlegungen. Dazu gehört, dass er/sie
- den Darstellerinnen und Darstellern ihre Rollen zuweist,
- eventuell Requisiten miteinbezieht,
- die Platzierungen, die Bewegungen und die Körperhaltungen anleitet,
- die Positionen der Darstellerinnen und Darsteller, ihre Bewegungen und Körperhaltungen zueinander festlegt,
- Mimik und Gestik der Darstellerinnen und Darsteller überprüft,
- die Sprechweise der Darstellerinnen und Darsteller überprüft.

Die Platzierungen, Bewegungen, Körperhaltungen, die Mimik und Gestik sowie die Sprechweise verändert der Regisseur/die Regisseurin so lange, bis die szenische Interpretation den Vorüberlegungen entspricht.

Achtet bei der Präsentation darauf, dass das Publikum
- die Figuren und ihre Darstellungen genau sehen kann,
- die Figuren deutlich hören kann.

2. Gestaltet eure szenische Interpretation: Wählt nun die Darstellerinnen und Darsteller und einen Regisseur/eine Regisseurin in eurer Gruppe aus.

3. Wertet eure szenische Interpretation aus:
    - Beschreibt die szenische Darstellung und erläutert die Umsetzung des Ausgangstextes.
    - Beurteilt, ob die Inszenierung dem Ausgangstext entspricht, und begründet euren Standpunkt.

Rollenspiel: Wer hat Schuld?

Im Rahmen einer inoffiziellen Gesprächsrunde treffen verschiedene Parteien aufeinander, die auf unterschiedliche Weise in den Fall „Maik Klingenberg/Andrej Tschichatschow" verwickelt sind und nun kontrovers diskutieren, wer von beiden am Geschehen Schuld trägt.

Rollenspielpartei	Haltung zur Schuldfrage
Diskussionsleitung	neutral
Maik	„schuldig", er verteidigt seinen Freund Tschick
Tschick	„schuldig", er verteidigt seinen Freund Maik
Maiks Vater	fordert seinen Sohn Maik auf, sich für unschuldig auszugeben und Tschick zu belasten
Maiks Mutter	plädiert dafür, dass ihr Sohn ehrlich ist
Lehrer Wagenbach	hält Tschick für schuldig und traut Maik die vorgeworfenen Taten nicht zu

1. Bereitet das Rollenspiel vor: Erarbeitet in Gruppen entsprechend eurer zugewiesenen Rollenspielpartei Argumente für die jeweilige Haltung der Person. Überlegt dabei auch, was ihr auf mögliche Gegenargumente erwidern würdet. Für das Rollenspiel wird eine Person aus eurer Gruppe durch ein Losverfahren ausgesucht. Alle Gruppenmitglieder sollten in der Lage sein, die ausgearbeitete Position klar vortragen und verteidigen zu können. Achtet darauf, dass ihr die anderen Rollenspielteilnehmer ausreden lasst.

2. Wertet das Rollenspiel aus: Während der Diskussion gehören die Mitglieder der einzelnen Arbeitsgruppen, die nicht am Rollenspiel teilnehmen, zu den Beobachterteams. Diese sollen mit Hilfe der nachfolgenden Leitfragen insbesondere auf das Kommunikationsverhalten der Rollenspielteilnehmer achten:
   - Nimmt die Rollenspielpartei, die ihr beobachtet habt, eine eher aktive oder passive Rolle in der Diskussion ein?
   - Wird die jeweilige Haltung zur Schuldfrage klar vorgetragen, ausreichend begründet und verteidigt?

Rollenspielpartei	Beobachtergruppe
Maik	Maiks Mutter
Tschick	Maiks Vater
Maiks Vater	Lehrer Wagenbach
Maiks Mutter	Tschick
Lehrer Wagenbach	Maik

Nach der Lektüre: *Tschick* bewerten

Eine Rezension stellt einen Roman kritisch vor. Dazu wird dem Leser zunächst eine inhaltliche Beschreibung des betreffenden Textes vermittelt. Daran schließt sich in einem zweiten Schritt eine kritische Einschätzung an.

Wie wird eine Rezension geschrieben?

Schritt 1: Die Beschreibung. Der Text wird vorgestellt, indem auf seinen Inhalt, sein Genre und seine Struktur eingegangen wird. Die folgenden Aspekte und Fragen gliedern eine Rezension:

- Kurzvorstellung von Autor/Autorin, gegebenenfalls unter Berücksichtigung des früheren Schaffens.
- Zusammenfassung des Inhalts.
- Aufbau des Inhalts und der Struktur des Textes.
- Besonderheiten: Wird im Text zum Beispiel eine bestimmte gesellschaftskritische Position vertreten?
- Adressat: An welche Leserinnen und Leser richtet sich der Text?

Schritt 2: Die Bewertung. Der Roman wird kritisch eingeschätzt und bewertet. Wichtig ist eine Begründung der Meinung unter Angabe möglicher Alternativen. Dabei kann man folgendermaßen vorgehen, um die eigene Kritik zu begründen:

- Was erscheint besonders gut (oder: nicht gut) dargestellt?
- Was erscheint besonders anschaulich geschildert?
- Wie wird der Stil eingeschätzt?

Ulrich Seidler: Mist bauen im großen Stil. Eine wilde, zarte Reise durch die Pubertät: *Tschick* von Wolfgang Herrndorf

Internet:
http://www.berliner-zeitung.de/archiv/eine-wilde--zarte-reise-durch-die-pubertaet---tschick--von-wolfgang-herrndorf-mist-bauen-im-grossen-stil,10810590,10751360.html

Berliner Zeitung (28.10.2010)

Jutta Person: Graf Koks und Graf Lada. Hinter den sieben Müllbergen: In Wolfgang Herrndorfs Roman *Tschick* touren zwei Vierzehnjährige durch eine phantastische Sommerlandschaft

Tschick, Tschick, Tschick: Das Wort klingt so gut, dass man es am liebsten zwanghaft wiederholen will. Egal, ob man dabei an österreichische Tschickn für Zigaretten denkt oder an adoleszente Chicks – Lässigkeit und Sex-Appeal schwingen mit, und damit liegt man beim gleichnamigen Buch richtig und falsch zugleich. Denn der sogenannte Tschick staffiert sich aus Coolnessgründen zwar gern mit einer Zigarette aus, ist aber eindeutig männlich, und seinen Spitznamen hat man ihm nicht wegen des Wohlklangs angehängt.

Tschick heißt eigentlich Andrej Tschichatschow und ist ein „russischer Assi", den die achte Klasse eines Berliner Gymnasiums feindselig-interessiert beäugt: „10-Euro-Jeans von KiK und braune, unförmige Schuhe, die aussahen wie tote Ratten." Maik dagegen ist so langweilig, dass er nicht mal einen Spitznamen hat. Er wohnt allein in einer Villa, während sein Vater mit der Assistentin und seine Mutter in die Beautyfarm (vulgo: Entzugsklinik) verschwindet. Als Tschick mit einem geklauten Lada bei Maik aufkreuzt, ist das der Beginn eines wunderbaren Sommers. Grade noch hat Maik brav den Gartenschlauch in der Hand – „Graf Koks von der Gasanstalt sprengt seine Ländereien", denkt er sich – aber kurz darauf sitzt er schon im Lada. Und los geht die Irrfahrt in die Walachei, an deren Ende ein glimpflich ausgehender Crash mit einem Schweinetransporter steht.

Wie Wolfgang Herrndorf die beiden Vierzehnjährigen mit dem Lada durch die ostdeutsche Provinz gurken lässt, das ist so spinnert, traumverloren und dabei komplett unkitschig, dass man tatsächlich an Tom Sawyer und Huck Finn denken muss – obwohl auch der Klappentext schon mit diesem Hinweis wedelt. Noch dazu prangt auf dem Cover die Erklärung, dass Herrndorfs Debütroman *In Plüschgewittern* ein deutscher *Fänger im Roggen* sei, und das ist dann doch zu viel uramerikanische Jugendbuch-Fährte. [...]

Denn all die naheliegenden „Coming of Age"-Vokabeln, die im Tross die authentische Jugendsprache und das Roadmovie hinter sich herziehen – sie übertünchen nur, dass das vermeintlich Authentische hier ungeheuer fein ziseliert ist und dass der Sprung ins pralle Leben eher wie eine Einübung ins romantisch Orientierungslose und Taugenichtshafte wirkt. Realismusgeprägt könnte man natürlich auch sagen: Die Jungen haben keinen Plan – „Landkarten sind für Muschis", meint Tschick – und verlieren deshalb die Orientierung. Aber genau das Im-Kreis-Fahren, Schleifendrehen und Sich-Verlieren ist Teil dieser großartigen Wirklichkeitslabyrinthisierung, die Herrndorf hier betreibt.

Manchmal kann man sich zurechtreimen, wo Tschick und Maik gelandet sind; dann etwa, wenn Tschick Cottbuser Nummernschilder klaut und sich die beiden über die Ortsschilder in fremder Sprache wundern, weil ihnen das Konzept „Sorbisch" nichts sagt. Sie landen in einem namenlosen Gebirge, fahren durch eine Tagebau-Mondlandschaft und treffen bizarre Gestalten, die ihnen durchweg freundlich gesonnen sind. Neben der entwaffnenden Naturverherrlichung – inklusive Müllbergbesteigung und Sternenhimmelbetrachtung – sind es all die freundlichen Freaks, die den *Tschick*-Zauber ausmachen.

„Seit ich klein war, hatte mein Vater mir beigebracht, dass die Welt schlecht ist. Die Welt ist schlecht, und der Mensch ist auch schlecht. Aber das Seltsame war, dass Tschick und ich auf unserer Reise fast ausschließlich dem einen Prozent begegneten, das nicht schlecht war." Wie gut, dass die Taugenichtse nicht aufhören, sich zu verirren.

(Aus: *Literaturen*, Heft 1/2011, S. 78 f.)

1. Arbeitet in zwei Gruppen: Jede Gruppe liest eine Rezension.
2. Tragt zusammen, welche Informationen in jedem Fall in eine Rezension gehören.
3. Überprüft, ob die Kriterien, die an eine Rezension gestellt werden, in den Beispieltexten erfüllt sind.
4. Formuliert eventuell Überarbeitungsvorschläge zur Ergänzung.

Isa beobachten und beschreiben

Maik und Tschick lernen auf ihrer Reise Isa kennen. Wie nehmen sie Isa wahr? Was fällt ihnen an ihr auf? Wie begegnen sie ihr?

1. Lest den Textauszug (Gruppe 1: Kapitel 29, S. 148–155; Gruppe 2: Kapitel 30–31, S. 156–163; Gruppe 3: Kapitel 32, S. 164–168; Gruppe 4: Kapitel 33–34, S. 169–177).

2. Tragt zusammen, wie Maik und Tschick Isa wahrnehmen und wie sie sich ihr gegenüber verhalten. Achtet dabei auf ihre Äußerungen und ihren Umgang miteinander.

Maik		Tschick	
Wahrnehmung	Verhalten	Wahrnehmung	Verhalten

3. Beurteilt, wie Maik und Tschick Isa einschätzen.

4. Diskutiert, wo die Grenzen einer Ich-Erzählung für das Bild, das die Leserinnen und Leser von Isa gewinnen, liegen.

Isa eine Stimme geben

In *Bilder deiner großen Liebe* lässt Wolfgang Herrndorf Isa zu Wort kommen: Sie erzählt aus ihrer Sicht von ihrer Reise und der Begegnung mit Maik und Tschick. Immer wieder hält sie das Erlebte in ihrem Tagebuch fest.

Was ist ein Tagebucheintrag?

Ein Tagebucheintrag ist die persönlichste Form des Schreibens, an der man eigentlich niemanden teilhaben lassen möchte. In ihm werden Erinnerungen mit der Gegenwart verknüpft und momentane Gefühlslagen festgehalten, außerdem können Fragen gestellt und selbst beantwortet werden oder unbeantwortet bleiben. In einem Tagebucheintrag können Selbstzweifel niedergeschrieben werden, die man erst nach bestimmten Ereignissen hegt.

Was ist beim Schreiben eines Tagebucheintrags zu beachten?

Form:	Sprache:	Inhalt:
• Datum • mit oder ohne Anrede (z.B. *Mein liebes Tagebuch…*) • Ich-Form	• Schreibstil: schildernde Elemente • Fragen • Ellipsen • Gedankensprünge	• Erlebnisse aufschreiben, verarbeiten, hinterfragen • persönliche Gefühle und Empfindungen • an niemanden gerichtet/ Selbstgespräch

An welche inhaltlichen Aspekte ist beim Schreiben eines Tagebucheintrags zu denken?

- Rekonstruktion von Geschehnissen im Rückblick: Dadurch ist eine Kommentierung der Geschehnisse möglich.
- Rekonstruieren des Gesprächsinhalts zwischen den Figuren.
- Welche Reaktionen sind typisch für die Figuren (ignorant, aggressiv, uneinsichtig oder zugewandt, verständnisvoll, hilfsbereit)?
- Darstellung der Sichtweise der schreibenden Figur, z.B. im Hinblick auf die Beziehungen zu anderen Figuren.
- Auseinandersetzung mit Vorwürfen und/oder Beschuldigungen.
- Analyse der eigenen Rolle bei der Entwicklung der Handlung: Bewertung des eigenen Verhaltens.
- Gedanken an die Zukunft: Schlussfolgerungen ziehen.

Mit welchen Gefühlen wird der Tagebucheintrag verfasst?

- Selbstzweifel, Verwirrung
- Wut, Gleichgültigkeit
- Zuneigung, Vertrauen zu anderen Figuren

Verfasse einen Tagebucheintrag, den Isa schreibt, nachdem sie sich von Maik und Tschick verabschiedet hat und im Bus auf dem Weg nach Prag sitzt (S. 176).

14.2

Autor(in): _____ Korrektor(in) 1: _____ Korrektor(in) 2: _____

	ja	nein

Inhalt:

Im Tagebucheintrag werden

- Erlebnisse aufgeschrieben,
- Erlebnisse verarbeitet,
- Erlebnisse hinterfragt,
- persönliche Gefühle berücksichtigt,
- Empfindungen geschildert.

Der Tagebucheintrag ist

- an niemanden gerichtet,
- als Selbstgespräch verfasst.

Form:

Der Tagebucheintrag

- trägt ein passendes Datum,
- beginnt mit oder ohne Anrede,
- ist in Ich-Form verfasst.

Textgestaltung:

- Die Sprache ist angemessen, der Stil ist erzählend.
- Es werden Fragen gestellt.
- Es treten Ellipsen auf.
- Gedankensprünge kommen vor.

Isa erzählt ...

Ich klettere weiter über die Müllberge und finde […] eine Holzkiste, an der nur das Schloss kaputt ist. […] Die Kiste ist exakt so groß, dass ich mein Tagebuch hineinlegen könnte. Ich lege es hinein […]. Vor mir ein älterer Mann, zwei Kinder, außerdem zwei Jungen in meinem Alter. Sie fluchen wie Idioten. Allerdings habe ich sie vorher beschimpft. Sie suchen einen Sonnenschirm oder einen Schlauch. So blöd, wie sie sind, vielleicht auch Kupfer oder Geld, keine Ahnung. Sie sehen aus wie Idioten. Ein Blonder und ein Russe. Als die Jungen haben, was sie wollten, gehen sie. Ich laufe ihnen hinterher, weil sie wissen, wo Brombeeren sind. Wir essen Brombeeren. […] Sie rennen davon. Ich schleiche hinterher. […] Hinten am Parkplatz versuchen die Jungs, mit ihrem Schlauch Benzin aus einem geparkten Golf zu zapfen. Aber sie sind zu blöd dazu. Ich gehe hin und zeige es ihnen. […]

Die Jungen gehen zu ihrem eigenen Auto und verschwinden darin. Ich übernachte hinter der Leitplanke. […] Ich glaube, die Jungs hoffen insgeheim, mich am Morgen nicht mehr zu sehen. Aber ich will mitfahren. Bei Tageslicht ist der Blonde ganz hübsch, er redet aber kaum. Das Reden erledigt der Russe. Schlitzaugen, dicke Lippen. Er sieht aus wie ich, wenn ich ein Junge wäre. Mir ist sofort klar, was mit ihm los ist, und ich glaube, er weiß auch, was mit mir los ist. Da gibt es gleich Streit. Wir beschimpfen uns. Der Blonde hält sich raus. An einer Veränderung in seinem Gesicht kann ich sehen, dass er sich in mich verliebt hat. Er weiß es noch nicht. Schließlich fahren wir zu dritt los. Der Russe streitet weiter, solange wir auf der Autobahn sind. Aber ich kenne die besseren Worte. Und am Ende ist Ruhe. Dann fängt er aber wieder an und reitet darauf rum, dass ich die Luft im Auto verpeste. Er kurbelt das Fenster runter, zeigt auf meine Haare und sagt: „Da wohnen Tiere drin", und ich nenne ihn eine schlechtgefickte Brotspinne, weil er recht hat. „Schwanzlutscher", sage ich. „Dir kommt es doch beim Schwänzelutschen", und er zögert eine Zehntelsekunde zu lang. Danach ist er mir sympathischer. Er redet weiter. Er will wissen, ob meine Eltern mich ausgesetzt haben. „Die Wahrheit ist", sage ich, „dass ich aus einem Heim ausgebrochen bin." […] Wir schwimmen im See. Das ist schön, aber auch kalt. […] In der Nacht liege ich auf zwei Decken. Die Jungs haben Luftmatratzen. Sie tuscheln ganz kurz. Dann sind sie eingeschlafen. […] Ich stehe auf und gehe um den See herum. […] Ich gehe zurück zu den Jungs. Ich gehe um sie herum. Ich sehe auf sie hinab. Der Russe bewegt sich einmal, sonst liegen sie lautlos da. Ich stehe über ihren Köpfen, höre ihren Atem und atme wie sie. Zuerst beuge ich mich zum Russen hinunter, dann hocke ich mich vor den Blonden. Meine Knie berühren fast seinen Kopf. So bleibe ich lange und sehe ihn an. Sein Gesicht ist nachtbleich und friedlich und säuglingshaft, fast wie ein Mädchen sieht er aus. […] Sie fahren, ich schlafe, sie schlafen, sie fahren. Wir schlafen. Wir fahren über den Berg. Wir verabreden, uns in fünfzig Jahren wiederzutreffen. Ich bin einverstanden. Ich find's gut, aber ich glaube nicht dran. Entweder man sieht sich vorher oder nie. Also wahrscheinlich nie.

Wolfgang Herrndorf: *Bilder deiner großen Liebe. Ein unvollendeter Roman.*
Rowohlt Berlin: Berlin 2014, S. 118–124

1. Erarbeitet, inwiefern Isa in ihren Schilderungen von Maiks Darstellung abweicht.

2. Erörtert, worin der Gewinn dieser zusätzlichen Version der Ereignisse liegt.

Mit Wolfgang Herrndorfs Blog arbeiten

In dem Web-Tagebuch (Blog), das Wolfgang Herrndorf von der Diagnose seiner Krebserkrankung (2010) bis zu seinem Tod (2013) führt, schildert der Autor seinen vom Schreiben und Lesen bestimmten Alltag, er dokumentiert den Entstehungsprozess seiner Texte und reflektiert seine Lebenssituation.

1. Ruf die Startseite von Wolfgang Herrndorfs Blog Arbeit und Struktur auf:
   Internetadresse: http://www.wolfgang-herrndorf.de

2. Im Menüpunkt „Archiv" findest du die einzelnen Einträge des Autors nach Kapiteln geordnet. Suche die in der Tabelle aufgelisteten Kapitelüberschriften mit den jeweiligen Datumsangaben und lies die Blog-Einträge.

3. Stelle Informationen zu den folgenden Themenbereichen zusammen: Entstehungsgeschichte, Schreibprozess, literarische/filmische Vorbilder, Rezeption.

Thema	Kapitel/Datum	
Entstehungs-geschichte	Zwei / 13.3.2010 (10:20) Sechs / 14.7.2010 (15:14) Acht / 11.9.2010 (11:32) Rückblende, Teil 3: Ein Telefonat Dreiunddreißig / 24.10.2012 (10:15)	
Schreibprozess	Drei / 24.3.2010 (16:39) Drei / 28.3.2010 (21:44) Vier / 25.4.2010 (8:52) Vier / 28.4.2010 (20:47) Vier / 17.5.2010 (13:07) Vier / 29.5.2010 (22:32) Fünf / 1.6.2010 (11:53) Fünf / 14.6.2010 (14:30)	Sechs / 29.6.2010 (20:00) Sechs / 3.7.2010 (23:00) Sechs / 4.7.2010 (19:00) Sechs / 19.7.2010 (11:33) Sechs / 27.7.2010 (20:38) Sieben / 5.8.2010 (17:30) Acht / 11.9.2010 (11:32) Neun / 13.10.2010 (15:40) Dreiunddreißig / 24.10.2012 (10:15)
literarische/filmische Vorbilder	Vier / 28.4.2010 (20:47) Vier / 10.5.2010 (18:20) Rückblende, Teil 3: Ein Telefonat	
Rezeption	Neun / 8.10.2010 (16:07) Neun / 13.10.2010 (15:40) Zehn / 7.11.2010 (15:05) Zehn / 24.11.2010 (8:07) Zehn / 6.12.2010 (20:22) Zwölf / 15.1.2011 (17:36)	Sechzehn / 18.6.2011 (20:11) Zwanzig / 12.10.2011 (14:44) Zwanzig / 19.10.2011 (11:00) Dreiunddreißig / 22.10.2012 (8:31) Einundvierzig / 17.7.2013 (18:11)